创新

团队

打造一支
能够改变世界的梦幻战队

[美] 沙恩·斯诺（Shane Snow）著
钟莉婷译

中信出版集团｜北京

图书在版编目（CIP）数据

创新团队：打造一支能够改变世界的梦幻战队 /
（美）沙恩·斯诺著；钟莉婷译. -- 北京：中信出版社，
2021.6
书名原文：Dream Teams: Working Together
without Falling Apart
ISBN 978-7-5217-2885-9

Ⅰ.①创… Ⅱ.①沙…②钟… Ⅲ.①企业组织
Ⅳ.① F272.9

中国版本图书馆 CIP 数据核字（2021）第 045546 号

创新团队——打造一支能够改变世界的梦幻战队

著　者：[美]沙恩·斯诺
译　者：钟莉婷
出版发行：中信出版集团股份有限公司
　　　　　（北京市朝阳区惠新东街甲 4 号富盛大厦 2 座　邮编　100029）
承 印 者：天津丰富彩艺印刷有限公司

开　本：880mm×1230mm　1/32　　印　张：10　　字　数：200 千字
版　次：2021 年 6 月第 1 版　　　印　次：2021 年 6 月第 1 次印刷
京权图字：01-2019-4395
书　号：ISBN 978-7-5217-2885-9
定　价：65.00 元

目录

推荐序

亚伦·沃尔顿，沃尔顿·艾萨克森娱乐公司联合创始人

在我上小学三四年级的时候，祖父总爱问我："今天你打算干些什么来改造这个世界？"每天早晨，只要一见面，我就知道他会这么问。

那是20世纪六七十年代，我住在马萨诸塞州波士顿的罗克斯伯里——一个治安混乱的街区。在这里，一个黑人孩子要想无忧无虑地成长并不是件容易的事。

每次见面，祖父就会重复这个相同的问题。

他不是问："今天你打算干些什么来让你的生活变得更好？"

他是在问："今天你打算干些什么来让这个世界变得更好？"

坦白地说，当时我只有一个想法："改造世界是我的职责。"

回望来路，我清楚地意识到，在实现伟大梦想的过程中，一个人的力量是远远不够的。我的成长经历使我始终渴望着以领头羊的身份去干成一件事，但我也深知，仅凭一己之力难以有所作为。

这一信念也成了我在处理各种问题时一贯秉持的原则。

比如，在创办公司时，我和搭档科里冒出了一个大胆的想法："假如要打造一个全世界最有趣的公司，我们该怎么做？"

坐下来勾画蓝图时，我们首先考虑的，并不是这家公司该选择哪些群体作为目标客户，或是该采取哪些创新举措。尽管那些都是成立公司时需要考虑的常规问题。

我们想的是："什么样的团队能够让这个蓝图变为现实？"

我们认为，只要能将适合的各路人才招至麾下，只要能让他们的独特观点为我们所用，我们的目标就一定能达成。

在我们看来，拥有一个成员背景各异的团队，意味着我们能经常得到效果更好、创意更新的点子。这里所说的背景各异，不仅指他们的文化背景，还指他们的专业背景。有研究表明，当来自不同文化、不同专业的人组成一个集体时，他们更容易成功，因为他们会尽最大努力来让其他人理解自己的想法。与不同于自己的人共事时，为了说服对方相信某种做法是对的、某种做法是错的，我们需要整合更多的资源和想法，这个过程有助于我们取得突破。

在多年的实际工作中，我们对上述理念奉行不悖。截至目前，我们确已打造出了独一无二的团队，也确已做成了一些堪称全世界最有趣的事情，在壮大企业的同时，也在推动着社会事务的发展。让我们在"超级碗"（美国职业橄榄球联盟年度冠军赛）赛事中一举拿下广告代理权的，并不仅仅是我们的创意。在用影像记录拉美裔人引以为傲的作品和文化遗产时，影像所产生的病毒式传播效果也并不仅仅源于创意本身。成就这一切的，是我们这个团队的合作方式。唯有采纳并整合团队成员的精彩观点，我们才得以将绝妙的创意付诸实践。

所以说，真正的创新源自差异。当想法各异的我们彼此质疑时，创意会越发精彩。

但有一个问题。

这个过程并不令人舒服，相反，简直是一团乱麻——就像波洛克的抽象画。作为普通人，我们都希望能远离冲突，但冲突所致的紧张感会让我们精益求精，只不过，要利用它来提高工作成效却很难。

正因如此，这本书才让我倍感振奋。

我深信，团队的力量要远远强于个人的力量。假如你回想一下历史上曾有过的伟大革新，你会发现它们都得益于团队的合作，都得益于这样一种叩问："我们能做些什么，才能让他人的生活变得更好？"

我认为一切理应如此——这个想法是不是有些天真？

每个人都在努力向着自己人生的顶峰奋进。到达这一个顶峰后，又会走向下一个顶峰。每一段征程，我们都需要同行者。

面对我祖父的问题，不同的人会在不同的时代给出不同的答案。但是，我们需要携手并进，这一点始终不会变。

所以说，胜利，理当是一群人的狂欢。

引言

"让他们做自己想做的事。"

冷战发展至白热化阶段时，苏联与西方各国之间的抗衡几乎无所不在。政治、科技、象棋、登月等领域都波及其中，但唯有一个例外。

冰球。这是苏联独领风骚的领域。

1960—1990 年，几乎所有国际冰球赛事的冠军奖项都被苏联国家冰球队收入囊中。不客气地说，苏联人碾轧了全部对手。

1976 年奥运会上，苏联队以 6：2 大胜美国队，以 7：2 横扫芬兰队，又在决赛中力压捷克斯洛伐克队摘得奥运金牌。

这是他们连续第四次拿到金牌。

当时苏联队的教练名叫安纳托里·塔拉索夫，是个具有传奇色彩的怪人，也是冰球场上的禅宗大师。他要求队员学下国际象棋，学跳舞，还要求他们练习翻墙，并且穿着冰鞋尝试忍者之术。他教队员唱歌，歌词里多是些"胆小鬼玩不了冰球"之类的句子。塔拉索夫这种兼顾运动技能和心智培养的混搭式训练模式取得了一个显著的成效，那就是，在队员眼中，整个世界都与冰球息息相关。

塔拉索夫的接班人依然是个怪人。他叫维克托·吉洪诺夫，曾是苏联军队中的将军，他以行事风格独断专行而闻名，曾进行过长达 11 个月的残酷训练，导致队员对他产生了仇恨情绪。

这块冰球场诞生了一支足以载入史册的球队，一支不仅在冰球界，而且在整个体育界都堪称最佳典范的球队。这支球队被人们称为"红军"，其最著名的首发阵容由以下 5 个人构成：

维亚切斯拉夫·费迪索夫，防守队员。天生具备领袖气质，号称"冰球之王"。赛场上的他既让人仰慕又令人生畏，有"动如猛虎"之势，被誉为有史以来的最佳球员之一。

艾历克西·卡萨特诺夫，防守队员。自控力强，热爱祖国，做事一往无前。他是费迪索夫赛场内外最好的朋友。

弗拉基米尔·克鲁托夫，前锋。著名的"俄罗斯酒缸"，身高 5 英尺 9 英寸（约 1.75 米），体重近 200 磅（约 91 千克）。他就像一个踩着冰鞋的啤酒桶，是球队中的"定海神针"。

伊戈尔·拉里奥诺夫，中锋。外号"教授"，理性至上，讲求战术。身形精瘦的他最擅长在赛场上虚晃一枪迷惑对手。

谢尔盖·马卡洛夫，前锋，令守门员心惊胆战的"狙击手"，赛场上的任何一处都有可能为他创造破门良机。

球队中为他们扫除后顾之忧的，是具有传奇色彩的守门员弗拉迪斯拉夫·特雷蒂亚克，一个反应敏捷的禁欲主义者。除他们之外，球队中还有十几名天赋出众的球员，各怀绝技，比如长期担任队长的瓦雷里·瓦西里耶夫。他能在宿醉未醒的状态下打败对手，还能在突发心脏病的情况下继续完成比赛。

你懂的。他们就是些怪兽。

然而，让苏联国家冰球队独领风骚的，并不仅仅是队员们的个人优势。北美地区各国球队一贯是从少年联盟中网罗人才，在那些孩子年纪尚小时就培养他们朝着职业球员的方向发展。加拿大冰球队中往往是些体格健硕、留着胭脂鱼发型的球员。事实上，在红色军团雄霸冰球赛场的那段时间里，加拿大国家队球员的个人能力指标要更胜一筹，比如著名的韦恩·格雷茨基。[①]

苏联人坚信，使冰球队独领风骚的，不是个人优势，而是整体风格。据他们的对手反映，红色军团成员能够做到对彼此的想法心领神会。费迪索夫和卡萨特诺夫在球门附近的防守配合得天衣无缝。球队核心谢尔盖·马卡洛夫在突破对方防守球员时，会转移其注意力以便给自己的队友提供一个见缝插针的射门良机。在他们之后，像"穿刺者"一样躲过对手围堵，将冰球轻松从对手腿间推出的，是弗拉基米尔。无论以何种阵容上场，他们始终能做到势如破竹。

在"加拿大杯"冰球比赛中输给红色军团后，加拿大球员韦

---

① 值得一提的是，直到 1988 年，冰球和篮球等体育项目的职业运动员才被正式允许进入奥运会比赛项目。从此，来自社会主义国家、一直进行职业化训练的苏联运动员，结束了在奥运赛场上对付一帮业余选手的历史。在此之前，美国和加拿大只在其他一些国际锦标赛中派出过自己的最佳队员迎战苏联。

恩·格雷茨基对《体育画报》坦言，苏联人几乎把他给看透了。而美国教练也会把红色军团描述成一支"有第六感""后脑勺长眼睛"的队伍。当西方人主动进攻，像打橄榄球一样将球砸向对手时，苏联人却在表演一场足以秒杀对方的冰上芭蕾。在他们手中，一项与啤酒和喧闹联系在一起的运动被升华成了艺术。

我必须就此打住了，因为我要向大家坦诚相告：

我要讲的重点并不是体育。

原谅我，红袜队的粉丝们。收起你们的叉子，球迷们。要怪就怪我父亲。他是个工程师，来自爱达荷州东南部一个不爱好体育的沙漠地带。从小到大，我一直以为"wide receiver"（美式足球中的外接球员）指的是插在收音机上的外接设备。在我们家，没人聊体育。时至今日，我也很少收看电视上的体育频道。

尽管，曾经的苏联国家冰球队的镜头让人目眩神迷。

看他们打球——别管你是球迷还是外行，都会被深深吸引。他们的优秀毋庸置疑，所以当美国队在1980年莫斯科奥运会以微弱优势取得胜利时，外界用"冰上奇迹"来形容这个出人意料的时刻。

后来人们才发现，用"政治把戏"形容这个时刻也许来得更准确些。尽管美国人因为此战告捷而有了扬眉吐气的快感，但在苏联人看来，这不过是自己为了政治做出的一次让步。在苏联教练吉洪诺夫中途换下包括守门员特雷蒂亚克在内的三个红色军团成员后，克格勃旗下冰球俱乐部的三名球员接替上场。此举意在讨好克里姆林宫，可即便如此，苏联队还是差一点就赢了比赛。

在失败阴影的刺激下，红色军团宣称，决不再让队伍四分五裂，在其后的十年间，他们也的确稳住了自己的地位。1984年和1988年奥运会的金牌，被他们一举拿下。在几乎所有的国际冠军赛中，他们都能位列第一，并且在数百场比赛中以悬殊比分战胜对手。这支队伍又回到了默契合作的年代，所向披靡。

接下来，冷战结束了，铁幕就此落下。多年来，苏联球员只能从打球中得到象征性的物质回报，而如今，他们自由了，他们可以选择为西方国家打球来赚钱。就这样，苏联国家队的明星球员一个接一个地离开祖国，向着他们先前的对手——NHL（北美职业冰球联盟）——奔去。

费迪索夫和卡萨特诺夫加盟了新泽西恶魔队。克鲁托夫和拉里奥诺夫加入了温哥华加人队。马卡洛夫去了卡尔加里火焰队。每个人都被奉为有望力挽狂澜的英雄。

可惜，人们的希望落空了。

他们加盟后的各支球队没有拿过一次冠军。五个人的赛场表现大幅度下滑。当年的红色军团成员此时都已上了些年纪——可以说是力不从心。在与美国、加拿大两国的球员联手打球时，他们无法像过去那样默契配合了。即便队伍里高手云集，成功还是遥不可及。有那么少有的几次机会，当他们和从前的搭档又能并肩作战时，战况会稍有改观，但以往的辉煌再也没有出现过。在块头更大、风格更强悍的北美球员面前，塔拉索夫的冰上舞步以及吉洪诺夫有板有眼的控球方式显得格格不入。当然，他们可以做出改变，但像从前那样打球的日子已经一去不复返了。

球队经理们的耐心也一去不复返了。卡萨特诺夫先后被交易至圣路易斯蓝调队、安纳海姆鸭队，最后是波士顿棕熊队。马卡洛夫则被交易到圣何塞鲨鱼队。费迪索夫的状态也直线下降，曾经，他在全世界最顶尖的球员群体中拥有一席之地，如今来到新泽西，却成了球队中最普通的角色。体育报刊的头版头条曾经为红色军团踏上美国大地而欢唱赞歌，如今却敲响了警钟。1992 年的一期《纽约时报》就以《恶魔队一球未进》的标题来表达人们的痛惜之情，并指出已有人看出了问题的症结：缺乏团队合作。

对于费迪索夫或者他的同伴来说，假如他们当初在踏入冰球领域时曾经设想过成功，那么那段不可思议的辉煌年代所持续的时间已经远远超出了他们的预期。但世间万般莫不如此，奇迹终有消失的一天。

* * *

1980 年，在为总统竞选做准备时，罗纳德·里根曾用"野兽"一词来形容苏联人。他并不是特指苏联的冰球运动员，而是泛指整个苏联。提及这个国家，他表示只要对方来犯，美国就会毫不客气地"动用核武器来消灭敌人"。

苏共第一书记赫鲁晓夫在回应西方外交人员时，也曾说过一句并不仅限于冰球比赛的名言，"我们会活埋了对手"。这些话在北半球上空回荡了几十年。

因此，当这群明日之星在塔拉索夫的带领下大唱冰球歌的时候，他们的同龄人却在公立学校吟唱有关如何在发生爆炸时寻找掩护的歌谣。当他们前往美国，在冰场上猛击橡胶圆球送球入洞以飨观众的时候，他们的同胞正投身于大规模杀伤性武器的生产。尽管孩子们只想感受打球的快乐，但是和国际象棋、登月计划以及其他所有竞技项目一样，冰球也变成了两个剑拔弩张的国家之间进行较量的一种方式——这种较量，据分析，完全有可能升级为核战争，成为现代文明的终结者。

具有讽刺意味的是，被借以威胁对方的核技术，在一开始却是得益于两国科研人员的共同努力。苏联和美国的专家必须和来自德国、法国、波兰、英国以及其他地区的科学家协作共事。他们当中有男也有女。他们共用一个实验室。他们得借鉴别人的观点，共享研究成果，一起去揭示原子间发生碰撞时如何产生了热能，热能又是如何促成了蒸汽涡轮的诞生，蒸汽涡轮又是如何被用来发电。

从小到大，这番景象一直让我心生向往，因为父亲恰好在爱达荷州沙漠地带的一家核电站当工程师。科学的种子就是因此而早早在我幼小的心中萌芽，并最终使我成了一名科技新闻记者。我很小的时候就见识过，在化学家、物理学家、电气工程师以及形形色色的多面手所取得的杰出成果的基础上，人们得以知道如何通过原子对撞以及如何控制对撞产生的热能来发电。我也知道，但凡重大技术突破——从蒸汽机到芝士比萨——无不是以这样的方式诞生：当多人的智慧形成合力，奇迹就会发生。

从身体属性上来看，人类生来就该开展合作。我们的大脑具备移情功能，我们的舌头和喉咙能使我们发出一连串令海豚自惭形秽的声音。我们眼白的面积是其他灵长类动物的三倍，能帮助我们捕捉到他人眼神的变化。身体和大脑的这些特征使我们摆脱了亚热带地区弱小的幸存者的身份，一跃登上了食物链的顶端，建造了金字塔，绘制了西斯廷大教堂中的壁画，并且拍摄出了长达 8 季的电视剧《新泽西娇妻》。

然而，冷战以及其他历史中出现过的纷争使我们意识到一点：当人们聚集在一起时，人性中消极的一面就会显现。我们的大脑自带合作的潜质，但同时也对其他族群充满不信任，从而产生一种把异己力量"斩草除根"的念头。统计数据表明，即便人们一开始意见一致，合作之后还是会产生矛盾和焦虑。[1]就像一位著名的组织心理学家所言，"几乎所有研究都毫不含糊地反映出一个事实：无论在工作数量上，还是在工作质量上，单打独斗付出的努力都要大于团体协作时付出的努力"。一群人拔河时，你使出的力气要小于你单独拔河所用的力。在与其他五人同声呐喊时，你的音量——即便你自己感觉扯破了喉咙——仅是你单独呐喊时的 74%。而且，实际情况

----

[1] 对于这一点，我在掌管自己的新媒体技术公司 Contently 时深有体会。2010 年，我与两个搭档一同创办这家公司，凭借我们独有的合作方式，为数千人提供了就业机会。尽管我们多次荣获"广告时代"及"克莱恩通信集团"授予的"全美最佳就业平台"这一奖项，但我们需要面对的最大挑战多年未变：人与人的合作。

也一再表明，当我们将一群人召集在一起开展头脑风暴时，他们提出的点子往往不那么精彩——比不上让他们各自独立去思考时产生的点子。

可是，在工作和生活中，很多难题仅靠一人的力量是无法解决的。我们都清楚，没有伴侣，你自己生不出孩子。一支职业冰球队得靠十几人来组建；一项划时代的科技革新，比如核能的产生，需要数百人的心血；而一家《财富》世界 500 强企业，更是需要几千人的共同奋斗。但凡重大进步，都离不开核心成员的齐心协力。

当我们聚首一处，共商大计时，我们的目标不仅是要做得更大，而且要做得更强。但现实情况是，我们几乎很难得偿所愿。我们得和团队协作的顽疾——拖沓——做斗争，最后还会陷入你死我活的争斗中。集体农场变成了各自的封地，民主政体被等级制度取代。我们没能化干戈为玉帛，却反其道而行之，还利用核能制成了原子弹。于是，在美苏两个超级大国用洲际弹道导弹瞄准对方的同时，它们各自的冰球队也在大战将至的阴云下挥杆相向。

人们需要通过合作来成就伟业。但是，在我们的团队、我们的国家、我们的公司、我们的家庭当中，我们的协作努力似乎冰川移动般令人兴奋，却常常以我们自己制造的雪崩而告终。

可有时候，我们也会遇到截然相反的情况。

我们偶尔会看到——有时也会幸运地参与到——一个奇迹出现的时刻，一群人的力量超出了单个力量的总和。这是具有划时代意义的时刻，可能是孕育了一个孩子，或是掌握了原子的奥秘，当这些可贵的时刻到来时，我们感到自己所向无敌。

就像苏联国家冰球队在解体前那段辉煌时期曾有过的感觉一样。

* * *

1994 年，当这些前苏联国家冰球队队员已经风光不再，远离了 NHL 的聚光灯时，底特律红翼队教练斯科蒂·鲍曼开始不动声色地采取行动了，他将这些球员逐一招揽进了自己的俱乐部。

先招来的是费迪索夫，当时他正在为提高体育界老龄运动员的地位而奔走。1995 年，鲍曼又招募了拉里奥诺夫。接着，他选中了年轻的前苏联国家冰球队前锋维亚切斯拉夫·卡兹洛夫，抢来了康斯坦丁诺夫（外号"楔子"）。此外，还有球队在几年前招募的马卡洛夫。

鲍曼没有拿条条框框去约束这些人，相反，他"让他们想怎么打就怎么打"。

组队后的第一年，这支重获新生的俄罗斯五人组获胜的场次超出了 NHL 中的任何一支队伍。拉里奥诺夫之前效力于圣何塞鲨鱼队时，整个赛季的进球数仅为 2 个，而如今，他为红翼队打进了 71 个球。费迪索夫的进球数也比之前增加了两倍。马卡洛夫还拿到了最佳球员奖。

始料未及地，他们又一次变得势不可当。

次年，红翼队在 NHL 联赛中荣登榜首，获得斯坦利杯。接下来的一年，他们再次夺冠。

当纪录片导演带着疑问采访费迪索夫时，对方只说了一句："重新聚在一起打球，就像鱼儿回到了水里。"

* * *

这是一本有关"创新团队"的书，主人公是一群携手并进、实现伟大突破的合作者。与费迪索夫及其队友一样，这些人同心协力，将不可能变为可能。接下来的章节里，读者朋友们将依次认识：创意团队、研发小组、软件公司、城市规划师、社会活动家以及一群能化腐朽为神奇的自由职业者。我们将揭示那些杰出合作者的秘密，看看为什么有些团队始终平庸，而有些却能日新月异。通过分析那些伟大团队背后蕴含的潜在心理机制，我认为人们对于合作存在某些误解，其实，我们本可以更好地利用众人的潜能。

历史上的所有伟大时刻——不仅在体育领域，而且还包括商业、艺术、科学及社会等各个领域，都诞生于人们并肩战斗、集体力量超出个人力量之和的情况下。当人们手挽着手，站在先贤们巨人般的肩膀上瞭望前方时，他们能看得更远。

前苏联国家冰球队就是这样一支难能可贵的团队，他们用行动打破偏见，证明了人与人的合作是件互利的事。尽管单个来看他们都很优秀，但是让他们在分离数年又重聚后——在美国教练的指挥下——成为完美战队的，并不仅仅是技巧、才华或是训练时间。因为他们对手的这些指标要更高。[①] 其他国家的冰球队员也和苏联人一样经受过多年的锤炼，但塔拉索夫手下的这些年轻人的确有所不同，当他们聚在一起打球时，某种独特的化学反应会随之而生。

这样的奇迹很能说明问题。优秀的创新团队不是随随便便形成的。它源自某种微妙的、不易察觉的人与人之间的互动。我们已于近几年在心理学和神经科学领域取得了一些发现，这些发现不仅有助于我们揭开俄罗斯五人组辉煌成就的神秘面纱，而且能帮助我们在所有领域更好地实现合作。

那么，这个引发化学反应的特殊作料到底是什么？究竟是怎样的一个由 11 味草药和香料组成的秘方，让人们在合作时发挥出了单打独斗时没有的潜能？相反，又是什么原因，使一些由优秀个体构成的团队发挥不出应有的优势？我们身边有如此之多才华横溢、勤勉向上、充满激情的人，手头拥有前所未有的丰富资源、知识和技术，可为什么这个社会还是停滞不前？

答案将在接下来的篇章中为大家揭晓，它们可能有违你的直觉。改变历史进程的那一类团队——实现了行业变革，推翻了压迫，走出了困境，或是连续几十年占据冰球冠军宝座——并不像人们通常猜测的那样，使它们独树一帜的，并不是表层因素。

---

① 研究运动队伍整体表现的统计学家发现，队伍中"精英"队员的占比与队伍是否能夺冠几乎没有关联。一个"精英"队员的存在有助于队伍在比赛中得分，但一群"精英"队员却往往无助于队伍获胜。事实上，那些拥有一个最佳队员的队伍常常会输给那些由众多普通队员组成的队伍。一旦队员的技术达到了特定水平，比如成为 NHL 成员，那么在比赛中起决定性作用的将不再是队员的个人优势，而是所有队员之间的协作配合。

可一旦理解了创新团队的奥秘，我们就能用它来解释所有问题。从人际关系、日常工作、事业规划，到我们的生存现状，乃至世界本身。这个世界亟须我们在互惠互利的前提下，携起手来，共同实现美好愿景。

此番奇迹如何得以诞生？敬请翻开书页，从头细读。

第一章

警界拍档与高山之巅

团队需要认知多样性

"我猜我毁了这场婚礼。"

1

正当几个芝加哥探员在巴尔的摩调查一桩列车抢劫阴谋之时，他们得到消息，有人正密谋刺杀他们家乡的国会议员。

彼时正值 2 月，寒意尚浓。位于巴尔的摩内港附近的南街上，有一家名叫"约翰·哈钦森"的股票经纪事务所。这里除了从事股票经纪，实则还是哈钦森私家侦探所的临时总部所在地。侦探所的主营业务是商业间谍案及诈骗案，对于不愿将家丑外扬的客户来说，这里是相当理想的选择。

哈钦森手下的侦探们已经在这个秘密总部驻扎数周了。此次聘请他们的，是一家地方铁路公司的董事长，名叫塞缪尔·费尔顿。他听说有人盯上了一批经由他的公司承运、价值高达数百万美元的货物。如果消息属实，那很可能会害得他倾家荡产。巴尔的摩当时政局紧张，费尔顿担心自己会遇上一桩"波及面广且有组织的阴谋"，害怕有当地警方甚至更高层的人员牵涉其中。忧心忡忡下，费尔顿决定寻求局外人的帮助，先查查这些传言是否确有其事，然后再决定要不要求助官方。

在此类问题面前，哈钦森堪称专家。他是个典型的商人，从中学辍学时，就已具备了一套快刀斩乱麻的本领。这种本领使他得以进入警界，做了一名侦探，之后又开办了属于自己的公司。在运营了 10 年后，哈钦森仍旧亲自策划那些最引人注目的案子。

在调查巴尔的摩列车抢劫阴谋时，他同样派出了最优秀的一对搭档：

首席调查员韦伯斯特。他是个身材高大的英国移民，一头鬈发，留着"嬉皮士"①似的胡子。他个性强悍，经验丰富，敢破门而入，也敢从行驶中的列车上跳下来——有一回在追踪一个逃跑的嫌犯时，他就这么干过。他已成家，还有四个孩子，入职纽约警局当警员已逾 10 年。

他的搭档韦恩却正好相反。韦恩 28 岁，个性狡黠，难以捉摸。如果说韦伯斯特是个敢于决断的行动派，那么韦恩就是一个靠口才取胜的、善于伪装自己的大师——他的绝招是善于从人们嘴里套出情报。

一个月来，他俩为了调查费尔顿所说的铁路阴谋，一直在巴尔的摩警方常去的各个地方探访。然而，无意中听来的一个传言却让

---

① 听说但凡"嬉皮士"三个字被打上引号，那就不再是指真正的嬉皮士。

他们一刻不停地返回了本部。一个月来，他们已经证实，一群贪腐官员和一些已被剥夺特权的上流社会人物的确是冲着费尔顿来的。但据他们所知，这个团伙目前还没有采取什么行动，只是对费尔顿以及巴尔的摩其他的一些显赫人物心存不满罢了。

韦伯斯特善于和警察打交道，常常和不当值的警员一起在酒吧喝酒攀交情。韦恩则在晚上乔装改扮混进名流出没的各种场所，留意一些有可能参与密谋的人的谈话。就这样，两个人将他们各自收集到的线索拼凑在一起，初步得出了以下结论：

说到底，这是一次恐怖活动。巴尔的摩的政治前景让这伙人焦虑，他们想发出这样一个信号：政府已经完蛋了。"看看我们的城市，"其中一个密谋者说，"必须干点什么。"他们为此做过几次尝试，比如说毁掉费尔顿的铁路线。但是最近，他们的计划演变成了一个非常具体的目标：刺杀一位即将途经本地的国会议员。

这位议员——一位名望很高的共和党成员——是最佳的袭击目标。极端分子们对于政治现状所抱有的一切不满，都能和这个人扯上关系。他们期待这个人的死在引起轩然大波的同时，还能逼得对立派与他们展开对话。下一步，就是干掉马里兰州的州长。一个密谋者说："杀鸡儆猴，背叛上帝、背叛国家的人，最终就是这个下场。"

阴谋正愈演愈烈。一个名叫费兰蒂的警官郑重其事地表示，这个外来的国会议员将会"命丧此城"。警察局长乔治·凯恩对这种极端行径并不反感，他打算睁一只眼闭一只眼。

这位议员已经公布了此行的路线：搭乘火车从伊利诺伊前往华盛顿，途中将安排几场演讲。在陆续到访哥伦布、匹兹堡、纽约、费城以及哈里斯堡之后，他将按计划乘火车前往巴尔的摩。届时，会有车送他去尤塔府（Eutaw House），他将在那里进行一次简短的演讲。之后，司机将送他去1英里（约1.6公里）以外的火车站，踏上去往华盛顿的列车——那儿是他此行的终点。

按照惯例，美国警方会在政界要人到访时提供安保，戒严鸣笛，声势浩大。这一次，局长凯恩的作用就是在最后一刻宣布警力不足，无法去火车站迎接议员一行。他们得自己关照自己了。

密谋者将在沿线安插探子，把议员的动向及时汇报给巴尔的摩一方。他们还预先安排了一场斗殴，当议员穿过火车站大厅与司机会合时，这场突发的斗殴将会扰乱现场，同时，一伙假装乘车的暴徒会涌至大厅。他们一部分人藏有枪支——其中至少有一个警察。接下来，他们会趁乱开枪打死议员及其随行人员。

在听完韦伯斯特和韦恩的汇报之后，哈钦森陷入了忧虑。这个阴谋远比有人在铁路线上捣鬼严重得多。他们需要提醒高层注意，但是这个阴谋究竟牵扯了哪些高层？哈钦森派韦恩去给议员送信，建议他取消中途的那些演讲，直接去华盛顿。

但是议员心意已决：在当前这种政治气候下，取消演讲将会带来灾难性的政治后果。如果这一次让恐怖分子看出苗头，那以后就更难对付他们了。另外，所谓的刺杀情节听起来很牵强。他向韦恩提出：能否在他结束哈里斯堡的活动后，护送他去华盛顿——不让巴尔的摩的高层人士染指?

哈钦森勉强答应了,他明白,任何走漏风声的举动都会妨碍他们对案子的深入调查。他的心头并不轻松,这不是商业间谍案,而是生死较量。况且,任何人都有可能是阴谋团体中的一分子。

唯有费尔顿先生可以除外。哈钦森对此深信不疑。正是受他之托,他们才开始调查那些贪腐官员,所以他一定是清白的。如今,轮到他们来麻烦这位费尔顿先生了。

就这样,在费尔顿的协助下,侦探们制订出了一个方案。

* * *

在预计发生谋杀的当晚,议员在哈里斯堡完成了既定的演讲之后,被来自伊利诺伊第七区的共和党人借故送回了酒店房间。在那里,他换上了韦恩为他准备的行头——一顶软毡帽,外加一件松松垮垮的外套。然后,他从后门独自离开了酒店。哈钦森和一个保镖在那里接应。韦恩以"照顾行动不便的哥哥为名"提前租好了车等候在外,一众人护送他登上了开往费城的午夜列车。

在费城换车时,乔装改扮的议员在"家人"搀扶下跌跌撞撞地走过车站,将一个"腿脚不便的哥哥"扮演得惟妙惟肖。驻守在此给团伙通风报信的密谋者没有注意到这一行人的经过,因而他们顺利地登上了前往巴尔的摩的下一班列车。

与此同时,哈钦森的手下也在忙碌着,他们在忙着更改列车线路，已经悄悄地将早先那班开往巴尔的摩的列车调至侧轨、降低了车速。如此一来，议员所在的那趟列车就可以提速，大大先于预定时间抵达目的地。

他们按计划早早就到了。这一次，盯梢的人依然没有注意到这个头戴软毡帽的腿脚不便的男子。他和他的家人一起，又登上了去华盛顿的早一班车。

火车驶离巴尔的摩开往华盛顿时，警官费兰蒂和他的刺杀团伙还在巴尔的摩车站外苦苦等候。他们不知道，议员已经瞒天过海地从他们眼皮底下逃走了。

当火车在夜色中轰隆隆地驶过米德堡、格兰岱尔和兰多弗山时，探员韦恩一刻都没有合眼。议员也只在列车驶过安娜科斯蒂娅河准备进站时小睡了一会儿。车停后，他醒过来，起身迈出车门，迎接他的，是晨雾迷蒙的华盛顿。

这里，就是这位名叫亚伯拉罕·林肯的议员就任第十六届美国总统的地方。

2

人们通过团队合作来突出重围，关于其中的奥妙，我们打算就从侦探的故事说起——看看小队伍是如何解决大问题的。细致的调查工作之所以能行之有效，其根本原因与团队的成功之道并无二致。

在此基础上，我们将对各种类型的团队进行分析，包括乐队、商业伙伴、军队，以及社会活动团体。

刺杀林肯的巴尔的摩阴谋被成功粉碎，这个例子很适合被我们用来抛砖引玉。在这起事件中，出现了两支队伍，一支在数量、装备以及时间准备上都处于劣势，而另一支则人数众多，关系网庞大，彼此配合有度。要在这样的逆境中突围，哈钦森、费尔顿、韦恩以及韦伯斯特等人必须险中求胜，机智地解决一系列难题。他们乔装打扮，侦探对手的阴谋，精心策划每一步，最终挽救了一个生命，从而也间接地拯救了一个国家。难上加难的是，他们必须不为人知地去完成这一切。

事实上，约翰·哈钦森这个名字是个化名。你也许听说过他的真名：艾伦·平克顿。巴尔的摩事件之后，平克顿的私家侦探公司声名鹊起，成为美国有史以来最著名的私人调查机构。

在此，我有一事需要告诉读者。

此事事关那位28岁、喜欢乔装改扮、性格让人捉摸不透、在解救林肯时发挥了重要作用的侦探。这与我们对合作之奥妙的探讨有着密切关系，也有助于我们了解优秀团队得以成功的最根本原因。

这件事就是，你可能和大多数人一样，以为侦探韦恩是个男人。

其实她是个女人。

3

面对现实吧。假如联邦调查局还想在公众、违法者、逃犯、逃兵等诸类人的眼中继续保有可信度，假如我们还想作为一支灵活机动、不惧任何挑战的情报队伍继续存在下去，那就必须对男性主导的局面做出改变。

——埃德加·胡佛（美国联邦调查局第一任局长），

1971 年 3 月 11 日

4

据我们所知，凯特·韦恩是美国第一位女性侦探。时隔许久，更多的女性侦探才开始登上历史舞台。

在巴尔的摩阴谋被瓦解后，又过了 30 年，女性才有资格进入警务部门工作。而女性获准从事侦探工作的日子要更晚些。1972 年以前，美国联邦调查局女性探员的数量为零。

女性执法者的级别普遍不高，至少在美国是这样。在本书成稿之际，出警率较高的警员中女性仅占 15%，联邦调查局里的女性探员也只占 20%。这一现实与 FBI（美国联邦调查局）退休探员以及北佛罗里达大学教授艾伦·格拉瑟所言并不一致，他曾指出："大学里主攻刑事司法学的学生中有一半是女生。"

造成这一现象的原因其实并不复杂，一位 FBI 前探员告诉我："总的来说，就是因为女性不像男性那样孔武有力。"

这是性别所致，无所谓谁强谁弱。疾控中心的最新研究数据表明，89% 的成年男性要比 89% 的成年女性身体强壮。《应用生理学杂志》发文指出，男性的上肢力量通常要比女性的高出 40%。如果随机安排一男一女两个陌生人扭打在一起，那么这个女人胜出的概率微乎其微。

下图反映的是不同年龄段男性和女性抓握力的对比，抓握力通常可以代表一个人的总体力量。

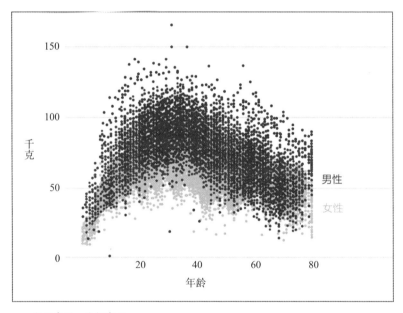

数据来源：疾控中心。

基因特质决定，女性无法像男性一样因为块头大而在追捕坏人、制服坏人以及威慑坏人等方面表现得那么出色。也正是出于这种考虑，联邦调查局局长埃德加·胡佛完全拒绝接受女性探员。"一名特工必须在外形特征、行事策略、办事风格等方面给对手造成一种印象，那就是，他不仅强壮，而且出手果断，能够一招制敌。"胡佛在书中写道。导致他排斥女性的另一个原因是，女性无法和男性保持一致步调。胡佛手下的特工们必须以统一的节奏行进，以此来保证他们的效率。"前线阵营一定要尽可能强大。"他解释道。

知道吗？他是对的。事实证明，某些领域，比如执法领域，男性更能胜任，凯特·韦恩只不过是执法领域优秀团队中一个难能可贵的例外。

但同时，胡佛又是错的，以上观点纯属一派胡言。

联邦调查局探员克里斯·荣格和纽瓦克黑手党头目的故事将证明这一切。

5

在新泽西州的纽瓦克，帕塞伊克河绕城而过。此刻，晨光正映照在河流弯道处漂浮的垃圾上。汽笛声尖锐刺耳，赶路的人行色匆匆。身着喇叭裤的上班族们依次涌入河西岸鳞次栉比的一栋栋写字楼。在其中一栋楼里，联邦调查局的特工们正在制订接下来的突击检查方案。

姑且算是突击检查吧。他们的确是在谋划一件事，但并不知道该如何去实施。

20世纪70年代的纽瓦克是一群意大利裔美国黑手党的天下。卢凯塞家族掌控着报业发行和犹太肉类制品产业。吉诺维斯家族因其奠基人"幸运的"卢西亚诺而为人所熟知。此外还有瓦尔坎特黑帮家族，据说其掌门人实际上是HBO电视公司出品的《黑道家族》中主人公的原型。他们控制着纽瓦克的赌场、码头、垃圾处理业，同时，他们也是多起谋杀案的元凶。

传唤黑帮头目出庭并不容易。但是在1974年的这个春天，联邦调查局掌握了其中一个头目涉案的证据。（我采访的这位调查局探员愿意告知我详情，但不想透露对方的名字。因此，我们暂且称他为隆巴尔蒂先生。）

这起案子的严重程度足以让法庭给隆巴尔蒂发传票，或是强制他出庭做证。

但问题在于，依照法律，传票必须要当面递交至他本人手中。一旦接过了传票，他就必须依法出庭，否则会被逮捕。而假如他作为一个黑帮头目出现在了法庭上，那就会在顷刻间陷入危险。他会因言辞不当而惹上麻烦，或者更糟，因为其他黑帮唯恐他泄密而将其灭口。

当时，黑帮成员已经意识到，远离监狱或者帕塞伊克的最好办法就是避免接到法庭的传票。而传票如果未被成功发出，则强制执行一说就不存在。因此，他们想出了一个简单却有效的办法：保镖们用人墙将头目层层围起来，让警察无法靠近他。于是，这些纽瓦克的犯罪团伙头目在 70 年代出行时就是这样一番前呼后拥的景象，虽然招摇，却总能保证不被警察伸手碰到。

隆巴尔蒂知道警方想让他出庭，因此安排手下密切注意纽瓦克地区刑事侦查队探员们的动向。此外，凡是黑手党保镖们没见过的人，一旦靠近都会被拦下，在他们证明身份后才会获得许可。

在如何靠近隆巴尔蒂并成功把传票交到他手中这个问题上，调查局的特工们绞尽脑汁地谋划了好几个星期。他们试过在对方外出就餐时突然出动，但是他的保镖们把路给堵死了。看来，得制定一个万全之策。

十几名特工以及刑事侦查队队长聚在作战室集思广益。他们已经达成一致，要进行某种形式的突击检查。关键问题是，传票只能表达一种要求，并不意味着有权逮捕对方。你无法用枪指着对方来递交传票，因为你不能因为有人妨碍你递送一纸文书而朝他开枪。

特工们翻来覆去地讨论着。胁迫、恐吓或是直接在隆巴尔蒂的保镖人墙中炸开一条路，这些想法一个接一个地被推翻了。

就在此时，来自另一个部门的新手克里斯·荣格说话了。她是应侦查队队长之邀来做旁听嘉宾的。他们这些人已经无计可施，此刻对一切想法都来者不拒。

男性特工们扭过头去听她说。"隆巴尔蒂的女儿两周后要嫁人。"她说道。

而这让她灵机一动。

* * *

两周后，一辆租车公司的黑色轿车停在了隆巴尔蒂家族为女儿举办婚礼的大厅外面。一个脚蹬高跟鞋、身穿紫色高领长礼服的优雅女子下了车。当她气定神闲地走向大厅时，保安们全都目不转睛。正如荣格女士之前在开会时预料到的，这些保安没有拦她。在这样的场合中，没人会想到，像她这样一个穿着考究的女人，竟然会是一名联邦探员。没有一个人要求她出示请柬。

进入大厅后，一切都简单了。荣格径直走向来宾的最前排，一对幸福的新人和他们的家人正在迎客。新娘看起来美极了。站在她身边的，是她的父亲，喜形于色的隆巴尔蒂先生。

当荣格一步迈到他跟前并递上传票时，他的笑容僵住了。

"祝您今晚过得愉快。"她说。

说完，她在对方目瞪口呆之际转身离开了。从楼内出来时，她听到了这个黑帮头子的一声哀号。

开车的司机也是一位特工，他没有熄火，一直候在门外。"我猜我毁了这场婚礼。"荣格说。

不够刺激吗？的确。但事实证明，这恰恰是成功的关键。

6

接下来的这个数据可能出乎大家的预料。美国警队中女性警员占比为 12%，但涉及枪击事件的女性警员只有 2%。[①]

有意思的是，女性警员的办案成功率却并没有因此而下降。作为警察，女性在制止犯罪这个问题上表现得同样出色，可以说和男性不相上下。

原因很简单，女性开枪射击的概率仅是男性的 1/6。

更具戏剧性的是，全国警务中心妇女联合会的研究表明，女警官滥用武力执法的概率是男警官的 1/8。一般来说，警员队伍中如果有女性警官，那他们犯错的概率会降低，办案时造成次生破坏的概率也会降低。

穿着漂亮的礼服给黑帮头目递上传票，这个桥段听起来完全不像一支荷枪实弹的队伍发动突袭那么刺激。将一个国会议员乔装改扮送上午夜列车，这个逃生计划同样也不那么惊险。但是在这两个事例中，女性探员的存在颠覆了人们对于执法行业的一贯认识，大家不再认为这是个靠子弹和肌肉就能撑起的领域。

---

① 在此我有必要指出，无论从身份归属上还是从生理结构上，性别都不仅限于两种。但是根据警方数据——以及美国人口统计中的大多数研究，人们在自报性别时几乎总是囿于这两种选择——非男即女，或者对此问题"不愿作答"。一项高质量的人口统计研究发现，认为自己既非男也非女，或者承认自己做过变性手术的美国人仅有不到全国总人口的 0.5%。鉴于此，除了承认人群是按照男女两种性别来划分之外，我们无法做出其他结论。然而，在读完本章后，你会发现事实与我们所想的并不一致。

事实上，和犯罪做斗争通常并不需要真刀真枪地跟坏人对着干。我们可以从各种奇闻逸事中看到，警察赤手空拳制服了罪犯，化解了危机（电视里的常见桥段）。但是，大部分时候，情况都与联邦调查局对付隆巴尔蒂的招数类似。联邦调查局前任副局长贾尼斯·法代克曾说过，"在工作中，最主要的素质是良好的判断力和解决问题的能力"。据联邦调查局记载，在不动用武力的情况下，女性警员和女性情报人员的表现一般都优于男性，哪怕男性所应对的事件的危险指数要更低。

那么问题来了：男性并不缺乏智慧，假如执法真的只需要良好的判断力和解决问题的能力，为什么男性把事情弄砸的可能性高于女性？此外，假如女性真的擅长做此类工作，为什么我们在执法领域依然极少看见女性警员的身影？

其实这两个问题有着同一个答案。

* * *

凯瑟琳·基尔南是美国酒类、烟草、枪支、易燃易爆物品管制局前任副局长。在她的办公桌上放着一把锁住的挂锁。每逢谈起作为一个女性为何会在执法领域取得成功，她都会用这把锁来做比喻，这样的比喻已经做了不下几百次。

她会将这把锁递给你，让你打开它。"多数时候，男人们会想方设法找出它的机关，拆开它，扭乱它，诸如此类。"她说。

相反，女人们却不这样。她们首先会试着去找找钥匙，或者猜猜钥匙会在谁那里。

基尔南认为，这恰恰是执法部门中大部分女性惯有的工作方式。她们从不认为自己能靠发达的四肢去解决问题，因此总会在动武之前尝试谈判或沟通，而这些策略往往更加奏效。[1]

丹妮丝·托马斯在纽约市警察局供职已达30年，作为布鲁克林区凶案组的首个黑人女性探员，她受到了全体同僚的敬重。她处理过校园暴力事件，破获过几十年悬而未决的谋杀案，还在布鲁克林的贫民区捣毁过瘾君子的老巢，当时说唱歌手肖恩·科里·卡特就在那儿兜售可卡因。她告诉我，多数时候，那就是一种心理战。"你得掌握和别人打交道的诀窍，"她说，要做的不是硬碰硬，而是化解冲突，"你得让紧张的局面缓和下来，要做他们的思想工作。"

一个又一个探员和警察用精彩各异的经历向我证明了同一个结论。法德雅克[2]早在做地方警官时就曾告诉我，她很清楚一个事实，那就是，"鉴于女性没有男性那样发达的上肢，因此我必须提升自己的沟通技能以避免事态升级"。[3]

---

[1] 其实，正如研究表明，这也是女性在上肢肌肉不发达的情况下，却能在攀岩运动中表现比男性更优秀的原因。

[2] 在接受我的采访之际，她已是联邦调查局有史以来级别最高的探员。

[3] 继续下面的话题之前，我们有必要对上文中有关男女性别相关统计数据的真实性加以确认，但总体趋势并不能反映每一个个体的情况。有很多女性警员并不善谈判，也有很多男性警员深谋远虑、善于沟通，连对方一根手指都不愿去碰。性别并不一定意味着某人具备我们之前所讨论的各种特征，只不过性别会使某个人更容易表现出某种特征。在此，性别只代表着可能性。不过，我们探讨的重点并不是基于数据来预测一个人的行为。

回想一下荣格和黑帮老大的故事吧。焦头烂额的男性警员一心想着从隆巴尔蒂的保镖队伍中硬闯进去。而荣格只是换上一袭华服，就径直走到了对方面前。这显然只是策略的不同，但男人们就是想不到。在这个女人眼中，这只是小菜一碟。

那么，为什么主修刑事司法的女性没有大量地进入执法部门？有人说，是因为女性自知技不如人。也有人说，是因为女性不喜欢美国执法部门惯有的那种男性文化和男性做派。但恰恰是因为在力量上无法与男性抗衡，女性才得以更巧妙地和罪犯做斗争。

而且，女性没有大量进入司法部门也并非因为女性在舞刀弄枪这件事上处于劣势。在隆巴尔蒂一案中立下头功的荣格是联邦调查局排名第一的神枪手。她是联邦调查局射击比赛中首个打满十环的探员，因而也成为调查局内的首席射击教官。

尽管如此，枪在她眼中不过是大号战略工具包里的一个零件。"我们可能比男人更容易拔枪而出，"荣格说，"但是不一定要真的用它。"（接着她又笑着说道："男人们觉得一个女人拿着上满子弹的枪是件很让人害怕的事。"）

* * *

在就团队合作的活力一事采访这些探员时，美国报刊的头条正在报道事关警察的暴力事件。好警察死于非命，坏警察却拿起枪杀死手无寸铁的平民。种族仇恨是引发这两类事件的主要原因。全国上下一片哗然，因为无论是警界还是外界，无辜的好人都成了受害者。

在暴力阴影的笼罩下，我们所探讨的一切最终不可避免地指向了这个结论：假如人们希望执法部门的人员能更好地履行职责，希望能减少暴力事件，那最简单的办法就是让女性来承担执法部门的所有工作。一切迹象都表明，只要把男性清除出去，那么打击犯罪的诸多机构将会运转得更好。

一个都不留。可事实证明，如果我们真那么做了，另一个麻烦又会跑出来。

7

假设你要在家中办派对来庆贺乔迁之喜。你请来了 8 位好友，事前还准备了圆形的美味蛋糕。由于你不想有失公允，所以必须将蛋糕切成大小相等的 8 块。

但此处要刁难你一下：你只能切三刀。如何才能在三刀之后得到大小相同的 8 块蛋糕？

你可能和大多数人一样，第一刀垂直切下，将蛋糕一分为二。

第二刀水平切下，蛋糕被一分为四。

下一步，你很有可能还是和大部分人一样，在对角线上切下第三刀。

这时你才发现蛋糕被切成了 6 份。

怎么办?

这一刻,你可能会异想天开地要再切出一条对角线,但很快你会意识到一个问题:你深爱自己的每一个朋友,不想因分配不公而被误会。

别担心,办法很简单,只不过需要你调整一下自己的视角。

前两个步骤同上,两刀下去,蛋糕变成了相同大小的 4 份。然后,将你的目光转向蛋糕的侧面。

从侧面水平切出一刀,蛋糕变成了两层。

这个小难题实则诠释了一个重要的道理。它用很浅显的方法说明了一个朴素的真理:有些时候,解决问题的最佳办法就是调整一下角度。也就是说,换个视角。①

视角源自我们每个人独一无二的生存经验。看到一栋起火的大楼,旁观者的感触必然不同于消防员,也必然不同于某个曾经历过

① 在专业术语中,视角是我们将周围世界映射到我们自己的"内心语言"的一种方式。例如,地理学家在听到"rock"一词时,他所联想到的东西肯定与青少年听到这个词时所想的不一样。而在以较少词汇为中心的术语中,视角意味着我们考虑问题的角度。

火灾的人。若是被问及什么样的飞机最理想，那么高个子乘客多半会认为"伸得开腿"很重要，而小个子乘客可能会觉得"能伸展开手臂"更重要。在此，答案没有对错之分，关键在于这个人是不是在以高出别人 6 英寸（15.24 厘米）的视角来看问题。

对每个人而言，视角都是各自思维工具箱里的一个组成部分。让我们接着刚才的乔迁之喜一例，来继续介绍下一个组成部分。

来看这道问题。在蛋糕旁边，6 个玻璃杯呈一字排开。前三个杯子中装满了牛奶，后三个杯子里什么都没装。如下图：

现在，请仅移动一个杯子，以使满杯和空杯穿插排开。

能做到吗？

对多数人而言，这个任务比切分蛋糕的那个例子更让他们伤脑筋。他们很可能将左手边第二个满杯移动至右手边第二个位置，但很显然，还有两个满杯是挨在一起的。

如果你依然找不到头绪，试试这个：

假设我在要求你完成这一任务的同时，提醒你必须以做化学实验的方式来解决问题。

思路是不是很快清晰起来了？

将左手边第二个杯子里的牛奶倒入右手边的第二个空杯，然后将杯子放回原位。

这个任务有助于我们了解人类思维工具箱里的第二个领域：启发式。假如说视角代表着我们看待问题的方式，那么启发式就代表着我们解决问题的方式。各位可以将启发式看作是"经验法则"或是面对问题时的解决之道。

化学家在面对牛奶杯的摆放问题时，大脑所做出的本能反应极有可能与（比如说）一个叉车操作员大相径庭。这并不是说叉车操作员解决不了这个问题，而是说假如一个人成天用叉车将东西挪来挪去，那么他重新摆放牛奶杯的方式肯定不同于成天将液体从容器中倒过来倒过去的人。

我们思维工具箱里的这两样东西——视角和经验法则——是相生相伴的。它们足以说明在涉及执法领域的合作问题时，真正重要的东西是什么。同时也足以说明，在涉及警察的性别研究时，真正的影响因素又是什么。

为帮助大家理解我的用意，请看以下这幅山岭图：

潜在解决方案范围

此图的横轴代表着在面对一个假想命题时的各种解决办法，纵轴代表着各种办法的不同高度。每一个山峰代表一种办法，山峰越高，意味着办法越高明。我们生活和工作中潜在的各种问题都可以用不同的山岭图来表示。

正如你所看到的，在某个假想命题面前，一些办法总不如另一些好。这种情况下，选择最高的那座山峰就意味着选择了最佳的解决办法。

只可惜，在现实生活中，真正的难题往往让我们感觉自己好似坠入迷雾。实际上，我们往往看不清山岭的全貌。也就是说，当我们攀上其中一个峰顶时，并不清楚自己是不是到达了最高峰。我们必须立下决断，究竟是走还是停。

不妨再拿蛋糕一事来做类比。我们在山岭上的出发地点——我们目所能及的那个点——取决于我们的视角。这有些像从直升机上降落至某个点的感觉。

既来之，则安之。此刻我们需要使用策略——或者说依赖经验法则——来帮助自己找到最终答案。

假设你有了一个想法，径直朝着一个方向行进，达到最高点后，你继续从山峰另一面快走五百步下山。假如山坡峰回路转又指向了山顶，那你就会继续攀爬，直至到达下一个山峰。但假如你快走五百步下山后前路依然是下坡路，那你只能掉头，再次返回之前经过的那座山峰。

很显然，你的视角和经验法则会帮助你做出适当的选择，但你却不知道前面还有没有更好的选择。

这也正是团队合作能够有所助益的时刻。设想一下，在当前正开展的一项工作中，你的某个合作伙伴与你的视角相同，也就是说，他从直升机降落在了山岭上，降落在了你所在的位置。

潜在解决方案范围

但是，他的登山策略可能有别于你。他会先来到两座山峰相接的山谷，然后选择更陡峭的那一座山峰去攀爬。凭借这个策略，他会超过你并且发现彼峰更比此峰高。

　　最终证明，你的队友找到了更好的解决对策。他会从高高的山顶上呼唤你，让你和他一起去看巅峰美景。

　　团队合作往往就是这样一番情形。队伍中无论是谁，只要他的经验法则足够好，他就会找出最佳办法，其他人依从行事便可。正因如此，我们才会为了搭建一个网站，将各种领域的专家——比如设计专家和编程高手——会聚一堂。

　　然而，依靠这种策略，你的团队最终一定会遭遇困境。无论你的队伍中有多少成员，假如你们全部从山岭上相同的点出发，那就一定会因为人数过多而拥堵在登山的路途中。

潜在解决方案范围

不过，有趣的现象也会在此刻发生。

当你引进一个视角截然不同的新人时，他就像是被空降在了山岭的另一面，这使他得以目睹别人看不到的风景。

潜在解决方案范围

假设真有这样的情形发生，团队中的一个成员一开始就出现在山岭的另一面。那么，即便他的经验法则与你的相同，也采用你的"五百步"策略来探索这座山，他也极有可能最终找到一个更好的办法，原因仅仅是他的出发点不同。

就算他没能技高一筹，其所处的地理优势也为团队其他成员提
供了一个机会。整个团队可以将视角与经验法则的不同组合一一尝
试，来验证前面是否还有更高峰。此时，先到达两峰相间的山谷，
然后选择更陡峭的那面去攀爬，这种策略与全新的视角融合在一起
时，最高峰就近在眼前了。

如此这般，作为整体的这支队伍收获了任何个体都无法取得的成绩：他们找到了山岭的最高点。

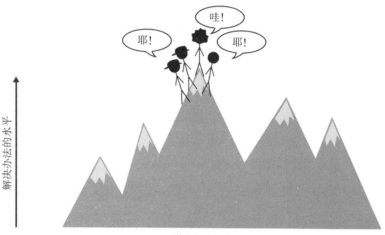

这就是"协同"二字的真意。各种思维工具的交融——换个角度切蛋糕，换种方式移杯子——赋予了一个团队完美地完成任务的最大潜能。一群聪明人若是观点接近，那么比起一群思想各异的人，找寻到最佳办法的可能性要更低。正因如此，前文提到的警界搭档用共同智慧战胜了不可一世的黑社会老大，俄罗斯五人组靠团队合作击败了个人能力更高一筹的竞争对手。

在体育领域，大部分队伍在组建时都会考虑让队员的技能各具特色，以便使其专攻某个位置。但是，任何一个专家或运动员都会告诉你，技术娴熟的运动员和世界冠军之间的差距并不在于谁更高大，或是谁更强壮。就像警察的事例所反映的，运动员是否能有上乘表现，归根结底是一场心理战。红色军团在冰球场上是一流高手，但关键在于他们合作碰撞出的集体智慧有别于其他队伍。他们独具一格的打球方式，解决问题的态度，以及看穿对手用意的本领，使整支队伍傲视群雄。不难看出，当红色军团教练塔拉索夫推行的忍者之术与继任教练吉洪诺夫的严苛之风交相辉映的时候，了不起的一代球员就此诞生，和其他人相比，他们一早就站在了山岭之巅。

用登山来比喻面对问题时的解决之道，这一思路得益于密歇根大学的斯科特·佩奇博士。他在大学讲授"复杂系统"这门课程。通过对"团体动力"这一专题的数年钻研，他得出了令人信服的结论：一支思维形态多样化的团队始终比一支每个人都是精英的团队更加出色。[1]

* * *

先来总结一下上述内容。我们已经发现，警察队伍在解决问题时所凭借的智慧——而非蛮力——是将其打造成卓越之师的关键。而这种智慧源自队伍的"认知多样性"，也就是说，源自每个成员各

---

[1] 佩奇博士等科研人员已经从数学层面为此结论提供了依据。正如我们在混合两种不同的颜色后能调制出第三种颜色一样，将视角不同、经验法则不同的各种人会聚在一起，往往能催生出不落俗套的新观点。

自迥异的视角和经验法则。

有些工作不需要多视角思维，我们只需完成简单的重复动作即可，比如流水线上的工作。但警察这个职业需要你去解决问题，预防犯罪，所以多视角思维必不可少。正因如此，让女性进入执法领域会有所助益，但如果让联邦调查局一夜之间变成女人的天下，那恐怕就事与愿违了。

假如在执法部门中每一对搭档都和《霹雳娇娃》里的情形一样，那我们确实能提高很多部门的谈判技巧，但在其他方面，没准会陷入搬起石头砸自己脚的窘境。如果没有男性，执法人员被困在山脉另一侧的次优山峰上的可能性就会增加。假如警官们想抓住时机解决难题，那就必须仰仗多重视角。（作为一个总爱把钥匙弄丢的人，我的切身体会是，有些时候，团队中真的需要一个善于破门而入的成员。）

至此，我们需要澄清一个重要问题：在警务工作中，性别是不是导致认知多样性的唯一因素？

答案很显然：不是。在继续讨论之前，我们有必要在一个核心议题上稍作停留。正如前文所言，认知多样性为团队合作赋予了更多优势，使团队合作优于单打独斗。但是，"多样性"这个字眼易引起歧义，所以在此先来说说它。

"多样性"的意思等同于"差异性"，但它已成为指代"种族"

的一种委婉表达——尤其是在美国。① 很多人觉得"种族"一词令他们不适，让他们难以启齿，所以会转而使用"多样性"这个字眼。②鉴于种族问题始终是一个热门话题，因此"多样性"这个字眼会让不少人神经紧张。

实际上，"多样性"并不代表种族，也不代表性别，虽然人们经常因此而联想到性别。

由于"多样性"容易引发争议，故而在本书中，凡是涉及两个及以上的不同事物时，我都会用"差异"一词取而代之。自本节之后，"多样性"如有出现，必是和其他词汇搭配使用。比如"人口多样性"或者"鞋子尺码的多样性"。③ 如果你还没有习惯于这样表达，我会鼓励你养成这个习惯。

至此，我们已经探讨了认知多样性的力量，有趣的内容即将登场。但是，少安毋躁，还有一事需提请大家注意。

有些读者可能会对我们提出的视角和经验法则一说深以为然，

---

① 我是一个美国白人男性，从小到大拥有很多人不曾有过的各种机会。对于种族歧视之类的问题，我既无从感受，也无力解决。对于给美国的历史留下创痛的那些可怖暴行，我也难以理解。创作本书并不是为了向其他种族数百年来遭受的不公待遇表达歉意，我个人也无法对自己不曾经历过的痛苦做出感同身受的反应。所以我还是坦诚相待为妙。好在人类的合作研究隶属于科学研究领域，因此我们只需探究其本身即可。希望书中讨论的一些话题能有助于我们解决不公正这件事。要塑造更好的"我们"，你们和我都得参与其中，所以感谢大家的参与，感谢你们信任我的写作初衷。

② 有数据表明，白人对于直言不讳使用"种族"一词最为反感。根据 2016 年皮尤研究中心的统计，仅有 8% 的白人在社交媒体上会直接使用"种族"一词，相比而言，黑人在媒体上使用这一字眼的频率是白人的四倍。

③ 本书不会讨论鞋码一事，但是会提到长在脚上的大水泡！

以至于将人与人之间的其他差异忽略不计，甚至以此为凭，认为种族差异和性别差异并不重要。这种思路显然是错误的，我们应该竭力避免，理由如下：

要想知道一个人是否具备多样化认知，最好的办法就是打开他的大脑，检视一下里面的神经结构。但我们不是"007系列"电影里面的恶魔，所以只能另辟蹊径。我们必须从其他线索入手，去做出最佳判断。

我们的视角和经验法则来源于各自的人生经历，而人生经历会影响我们的认知结构。因此，对人生经历中细微差别的捕捉能力越强，对于认知多样性的预测就越准。

有些差别是显而易见的，比如我们学过不同的课程，上过不同的学校，在不同的地方长大，各自在不同的时间经历过不一样的疯狂时刻。

但其实，我们还可以探究得再深入一些。人类的认知会受到日常生活中每一个点滴经历的影响，这些点滴经历与我们如何看待自己、如何看待周围的世界密不可分。而我们对自己、对世界的看法，在极大程度上是世界如何待我的结果。因此，在面对一群外表各异，或是在某些方面表现各异的人时，我们基本可以断定，他们的思维方式也是五花八门的。

也就是说，假如你我二人年龄、性别、种族不同，那我们的人生经历也极有可能不同。别人拿不一样的眼光看我们，拿不一样的方式对我们，请我们做不一样的事情，在不一样的时刻，他们或

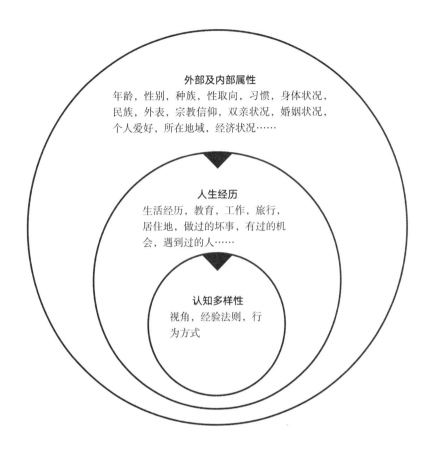

外部及内部属性
年龄，性别，种族，性取向，习惯，身体状况，
民族，外表，宗教信仰，双亲状况，婚姻状况，
个人爱好，所在地域，经济状况……

人生经历
生活经历，教育，工作，旅行，
居住地，做过的坏事，有过的机
会，遇到过的人……

认知多样性
视角，经验法则，行
为方式

者接纳我们，或者排斥我们。实际上，当身高不同，年纪不同，或是体能各异时，我们看问题的方式也会不同。彼此人生经历中的那些差异有时小，有时大，但正是它们在一步一步地构建起我们丰富多彩的思维世界，使我们得以形成各自的视角和信念（我们如何去定义或预测事物）以及经验法则和技能（我们如何解决或处理

问题）。①

因此，人口统计中反映出的各项差异实则可以很好地预测一个人的认知特点：

为了进一步说明在实际生活中如何通过这些差异来预测认知多样性，我们来看另一个场景：

假设现在是 2010 年，你马上就要开拍一部新片，主演是汤姆·汉克斯。就在开机前的最后一分钟，汤姆告诉你他拍不了了。怎么办？找谁来救场？

佩奇教授也许会在密歇根大学的课堂上去问他的学生们。但我不具备这个条件，所以想邀请几千个美国成年人来参与这个讨论。通过网络问卷，我收集到了数据，并且根据反馈者的不同种族将数据进行了分类。

白人反馈者提出的备选项五花八门。乔什·布洛林、哈里森·福特、休·格兰特、布拉德·皮特，还有瑞恩·高斯林（我的最爱）等人的得票接近，小罗伯特·唐尼得票略占优势，而汤姆·汉克斯的儿子科林也获得了相当高的支持率。

相反，黑人反馈者中有 52% 的人选择了同一个人：丹泽尔·华盛顿。

抛开种族之别，汉克斯和华盛顿可能是好莱坞男演员中共性最

---

① 有必要指出，不同的视角往往会导致一个人形成不同的经验法则。从侧面观察蛋糕的人与只会从上面观察蛋糕的人拥有不一样的视角，因此他们切蛋糕的方式也不一样。虽然这种情况并不绝对，但发生的概率极高。

多的两个人。他们年纪相仿，身高相近，待人接物的方式也很相似，居家好男人的形象都已维持多年。在演艺事业上，他们才艺相当，也赢得过相同的奖项。两人都拍过喜剧，但并不是专门的喜剧演员。两人都是既能拍得出商业大片，也能拿得出作品进军奥斯卡的人物。就连片酬，两个人也不相上下。

事实上，丹泽尔·华盛顿可能是好莱坞群星中最适合顶替汤姆·汉克斯的人选。这一点，就像切蛋糕难题一样，只要你找准角度，问题就会迎刃而解。与白人相比，黑人的视角使他们更容易解答这个问题。

确切地说，并非因为你是黑人就一定会选择丹泽尔，只是说与白人相比，你做出这一选择的可能性要高出许多。导致这种差别的仍然是你的思维方式，它与你所曾经历过的点点滴滴密不可分。[1]

正如 SYPartners 公司为领导力革新做出卓越贡献的传奇人物山下吉斯所言，一个人的生活经历会最终促成他（或她）的行为方式。说到底，也就是做事的风格，即如何将各自独一无二的思维特性体现在

---

[1] 我的朋友艾瑞克是个墨西哥裔美国人，他用了一个很精彩的例子来解释生活经历是如何塑造我们的多样化思维的。"我使用多种语言，"他说，"因此，不管你是对我说汉语、英语，还是斯瓦希里语，我都能和你沟通，因为我常常是用这种语言思考，用另一种语言去神游，那种感受我再熟悉不过了。"尽管种族不同，但艾瑞克以多种方式表示过，他的思维方式更接近乔治·卢卡斯导演，反倒与很多拉丁裔美国人有差距。他和乔治都是在加利福尼亚州的莫德斯托长大。所以，在山岭情境那个问题中，如果让艾瑞克加入一支由黑人和北加利福尼亚白人所组成的队伍，那么尽管他是拉丁裔，可能也并不会对提升队伍的认知多样性起多大作用，但若是让他加入一支由墨西哥城当地人组成的队伍，那一定会让这支队伍如虎添翼。

日常生活中。① 在他看来，一支出色的团队会不惜时间去了解自己团员的行为方式，比如，他们在何种方式下能学到最多？他们在什么时段原创力最强，早晨还是下午？他们喜欢以什么样的方式安排自己的时间？为了取得进一步的提升，他们需要些什么？他们通常以什么样的方式去争辩？他们最大的优势是什么？制胜秘技是什么？②

此外，山下先生还建议，任何时候，但凡遇到难题，先停一停，去做好两件事。"第一，花些时间去厘清这个问题。"这是否是一个常见问题？是否需要因它而另辟蹊径？风险是高还是低？常见问题通常对多样化认知没有太高要求，而罕见问题却能从中受益良多。"在此基础上，"山下先生说，"开始选角儿。""选角儿"一词是他的独创。一个电影导演不会随便抓到谁就让谁上场，也不会不加筛选地把上一部电影的演员安排到新片中。每一部电影都应该根据情节和剧本来确定由谁来演。

弄清楚每个人的"行为方式"，这不仅有助于团队成员接纳彼此的差异，而且还能在面对具体情境时，知道谁最有助于解决问题。"我可能是个同性恋，是个来自亚洲已为人父的男人。"山下说。但是，在一个具体的情境中，"我"的差异性更多地表现为，"我在早晨的工作效率格外高"，或者，"我的移情能力很高，善于换位思考"。

---

① 数十年来，山下先生已经为史蒂夫·乔布斯、霍华德·舒尔茨等公司总裁以及脱口秀主持人奥普拉·温弗瑞等人提出过建设性意见，帮助他们改善着管理团队的方式，其中一条具体措施就是教会他们去利用认知多样性。值得一提的是，山下先生的性格着实令人喜爱。

② 想了解更多有关山下先生的情况，请浏览网址 shanesnow.com/dreamteams/superpowers。

当我们将搭建团队看成是为新戏选角儿，那就意味着我们开始将自己不同于他人的那些特点看成是一种天赋，而不是统计数据或者数字。"这并不是挪亚方舟心态。"山下说。我们并非在每一次会议上都需要每一种类型的人。负责选角儿的导演面临的问题是："哪些人组合在一起能碰撞出最美妙的火花？"关于这一点，最有趣的并不是将形色各异的人聚集在一起，而是当这些人聚在一起后会发生些什么。

8

2013 年，美国四所大学的教授针对 186 名被试者开展了一项实验。这 186 人分为两派，一派自称支持共和党，另一派自称支持民主党——也就是说，两组人马在很多问题上都极有可能意见相左。实验中，教授们要求这些被试者先了解一桩离奇的谋杀案，并且告知所有人，在接下来的环节中，每个人都要准备好与破案思路不一致的人进行辩论。但是，其中一半的人被告知，他们的辩论搭档来自敌对党阵营，而另一半的人被告知，他们的辩论搭档就是自己的同党派盟友。

之后发生的事情很有意思。

无论是共和党支持者，还是民主党拥护者，当他们得知自己的辩论搭档来自对立党派时，虽然辩论主题与政治沾不上一丁点儿干系，但他们准备的辩词却会尤为精彩。

研究结论指出，当我们与立场相异的人合作共事时，会因情绪的激荡而迸发出更多的灵感，这种灵感是我们与立场相同的人在一起时无法获得的。"与不一样的人交流，仅凭这一条就能激发团队成员去积极准备，去期待不一样的观点，为达成一致而付出努力。"哥伦比亚商学院副院长、研究小组成员之一的凯瑟琳·菲利普斯博士这样写道，"只要为团队添加一些社会多样性，就能让团队成员相信，他们之间固然存在着视角之差，但共同的信念会让他们调整自己的行为。"[①]

麦肯锡咨询公司和卡特莱斯咨询集团的研究结论显示：高层管理人员，尤其是董事会成员的构成越是多样化，公司经营策略带来高额利润、避免低级错误——比如收购烂摊子——的可能性就越高。[②]也正因如此，移民构成越是多样化的地区，推出专利产品的概率就越高。当人们与不同于自己的人相处共事时，往往会在批判性思维这一领域有更卓越的表现。

在你和同伴探讨如何改造一栋大厦的时候，如果一个坐轮椅的人士加入其中，那所有人的思路都会在顷刻间发生转变。

或者，当一个由男性主导的执法机构邀请一位女士前来协作时，男人们会更加审慎地对待眼前的问题。

---

① 有关警界二人组，我们之前一直在强调女性之于男性的重要性，而此处有必要提一个完全相反的研究发现。在《警务与安全》杂志上，一项经典研究表明，女性警员也会从男性搭档那里获益。在警界的男女二人组中，女性警员的自信心会更高，对可疑情景中细节的记忆也更准确。

② 多项研究证明，还有其他一些因素有助于降低警员误伤他人或公司交易失败的可能性：将不同年龄段的人组合在一起，将公开承认有同性恋性取向的人纳入团队。

而且，事实证明，反之亦然。

9

1856 年，当凯特·韦恩第一次走进艾伦·平克顿位于芝加哥的办公室时，对方还以为她是来应聘秘书一职的。令平克顿吃惊的是，当时年仅 23 岁的韦恩竟然表示她想应聘的职位是侦探。

韦恩年纪轻轻就守了寡，独自一人在芝加哥艰难度日。她清楚地知道，自己拥有一套与众不同的本领，完全能在侦探行业堪当大用。

可是，平克顿直言不讳："我们没有雇用女侦探的先例！"

韦恩当然知道。但她坚持认为，自己可以用智慧上的优势去弥补体能上的欠缺。她说，女性善于观察细节，更有耐心。另外，她还强调自己"最善于在男性侦探无能为力的情况下挖出秘密"。

平克顿考虑了一宿。第二天，在同事的一片反对声中，他雇用了韦恩。

这是一个从未让他后悔过的决定。事实证明，韦恩是他手下最杰出的探员之一。"她从来没让我失望过。"平克顿后来曾这样说。韦恩的出现改变了整个侦探所的面貌。

需要注意的是，韦恩的性别为她的侦探工作带来了双重优势。首先，作为一个女性，她可以径直从对手的眼皮底下经过而不至引起一丝怀疑——就像荣格在黑手党头目的婚宴上所做的那样。其次，也是更重要的一点，韦恩为侦探所注入了一股清流，提供了一种截然不同的思维方式——荣格之所以能为 FBI 探员提出一个更机智的方案，也是因为她与他们的思维方式大相径庭。韦恩善于乔装改扮，深谙联络保障之道，这使得她在解救林肯一案中功不可没。

韦恩改变了平克顿对于侦探工作的固有观念，帮助他打造出了有史以来最成功的私家侦探所——一家堪称联邦特勤局（Federal Secret Service）前身的机构。① 为了向韦恩在林肯一案中不眠不休的专业精神致敬，平克顿特意将公司的标识制作成一只眼睛，其下为一行字：我们从不沉睡。这个标识引起了公众的丰富联想，也成为"私家侦探"（private eye）一词的起源。

---

① 令人悲伤的是，成立联邦特勤局的批文在林肯遇刺的当天刚好被呈交到他的办公桌上。

韦恩和韦伯斯特以及平克顿共同搭建了一支创新团队。在他们的侦探所，尤其是在他们三个人的共同努力下，私家侦探行业逐步壮大，直至形成今天这样的规模。

韦恩对于平克顿的事业做出了不可估量的重要贡献（有一份报纸称她是全美国——也可能是全世界——最出色的侦探），以至于平克顿授权她成立了"女性侦探局"，其主要工作就是为男性探员在形形色色的侦破工作中提供女性合作者。平克顿希望在经手的每一个案子里，都能出现一支优秀的创新团队。在 19 世纪的各大侦探机构中，女性和男性之间的等级壁垒并未消失，这也是当时社会弊端的一种体现。然而，将女性吸纳到侦探行业来，这已然是平克顿革故鼎新的一项重大举措了。在他看来，女性的加入对于破案有百利而无一害。

原因是，他对认知多样性的威力深信不疑。

巧的是，在当时那个年代，对认知多样性持认可态度的支持者中，最著名的一位正是林肯总统。至于林肯是如何说服政见不同者来与自己共谋国事的，电影或书中都有详细记载。有一点毋庸置疑，在赢得国内战争、保证国家完整这个问题上，林肯团队所具有的多样化思维始终是他的制胜法宝。

假如他的继任者们也能这样想，那该多好。

* * *

通过以上内容，我们已经对人们如何通过整合多样化认知去出色地完成任务有所了解。大家可以看出，每一个创新团队的内部，都有一些认知风格各异的成员，是他们将自己独特的思维方式带进了合作过程。在平克顿带领的侦探小组中，韦恩与韦伯斯特各有各的长处。在苏联国家冰球队中，尽管队员们打球时能对彼此的想法心领神会，但他们取得辉煌战绩的根本原因是他们将不一样的思维带上了冰球场。而且，不夸张地说，红色军团的辉煌也得益于两任教练经验法则和思维视角的融合——塔拉索夫的创新能力和吉洪诺夫的独断专行。在探讨团队的成功之道时，我们还可以发现很多相互关联的因素，但是，正如我们已看到的，假如手头没有一套独特的思维工具箱，那我们在登临高峰的过程中就会受到限制。

请留意，我们通常给各大机构提供的用人建议与上述原则是不一致的。我们会说，多聘请那类人！这一类人人数要翻一番！不能聘请她，她和这里的企业文化不搭调！

除非你打算招募一大批在流水线上挥舞大锤击碎岩石的体力劳动者，否则此类建议可以说愚蠢至极。所谓"搭调"，无外乎是指某个人除了同质化思维外什么也不能带给你。将与我们相似的人聚合在一起，这除了使大家都拥堵在同一座山峰上，还能有什么别的意义？

"假如你认为在工作中只需墨守成规或是小有成就即可……那认知多样性就不是那么重要了。"山下先生说。但若是想开辟一番新天地，则"必然要依靠不一样的视角、观点，不一样的行为方式，不一样的背景，不一样的敏感度，不一样的层次和不一样的处理方式"。

说到底，当我们击垮旧模式的时候，新突破才会应运而生。不破则不立。

我们已经说过，当众人携手取得成功时，最核心的因素是大家各不相同的思维模式。这些差异之处受到我们生活经历的影响，而生活经历又由我们各自的身份所决定。

了解这一点对我们而言是件好事。原因有二。首先，它为我们提供了一个很具体的理由——一个稍显功利，却也符合道德准则的理由，使我们得以和不同性别、不同类型的人进行合作。

其次，它还让我们知道，在为了解决问题而搭建团队的过程中，哪些因素是必须考虑的：各异的经验法则，以及这些经验法则的表现形式——经历、身份、身体。这一认识是我们继续探讨团队架构的重要前提。[1]

但是，在此之前——在谈及搭建创新团队所需的其他要素之前，还需解决一个迫在眉睫的问题。

假如我们的结论是，人与人之间的差异以及由此而来的认知多样性会使我们在聚合成团时更加聪明，那就大错特错了。

差异往往也会让一个团队溃不成军，这又是为什么？

---

[1] 它也暗指那些我们想要提升个人解决问题的能力时所需的技巧。以登山做比喻的那个例子不仅适用于描述团队，也适用于描述个体。那些善于在同一时间调动多重视角和经验法则看问题的人，往往比其他人更容易应对棘手难题。就像斯科特·菲茨杰拉德的名言："拥有一流智商的人，能在同一时间思考两种截然相反的观点。"向此目标努力——训练自己成为思想开明、视角多元的人——会让我们更出色，但并不一定会使我们成为优秀的合作者。无论如何，就像佩奇教授所言："相对论可不是在群体中诞生的，它来自一个具有多样化思维、大胆创新的个体。"

第二章

重组企业与"武当派"的困境

组织沉默 vs 认知摩擦

"我们想挣钱，不想当街头混混。"

1998 年 5 月，两个超级巨头的运行轨迹相交了。

总部设在底特律的克莱斯勒公司是全世界汽车制造业净利润最高的公司，主要生产道奇和吉普两种车型。它的产品研发成本是福特公司的 1/2、通用汽车公司的 1/3——虽然它的规模在三家公司中排在末位。

尽管业绩骄人，但总裁鲍勃·伊顿依然认为克莱斯勒公司的前景不容乐观。互联网的普及使人们获取信息的渠道大幅拓宽，购买汽车的用户因而也对汽车品质有了更高要求。电子技术的发展大有淘汰克莱斯勒公司的引擎设计之势。此外，丰田和雷克萨斯两个品牌（都属于丰田公司）物美价廉的新品批量涌入市场，对克莱斯勒 123 000 名蓝领工人的生存构成了严重的威胁。

戴姆勒是当时欧洲顶尖的汽车制造商，总部位于德国，主要生产梅赛德斯-奔驰和迈巴赫，以及其他一些堪称世界一流的轿车、卡车和公交车，员工有 30 万之众。戴姆勒公司虽然走在汽车设计领域的前沿，但总裁乔根·施伦普也有着同样的担忧。公司斥资数百万进行研发，但是并没有从中获得丰厚的回报。公司业务在美国市场仅占很小的份额。此外，日本汽车制造业蓬勃发展带来的竞争压力也让他深感不安。

两位总裁有一个共识，那就是，他们各自的长处足以弥补对方的短板。若是把克莱斯勒公司无可比拟的高效率和戴姆勒公司杰出的创新能力结合在一起，那一定是完美绝杀。戴姆勒追求卓越品质，克莱斯勒崇尚无所畏惧，当这二者集于一身时，必定会所向披靡。联起手来，它们就将拥有战胜福特、通用以及丰田公司的所有软硬件，成为全世界——即便不是头号——规模最大的公司之一。

所以，他们做成了这笔交易。伊顿和施伦普携起手，在原有的两家公司基础上，成立了戴姆勒-克莱斯勒公司。用施伦普的话说，这是"一次旗鼓相当的合并，是为了发展、为了取得前所未有的成就而完成的一次合并"。

新公司的市值高达 1 000 亿美元左右。在企业发展历史上，如此大规模的洲际重组可以说史无前例。

而事实证明，这也是企业发展史上最大的一场灾难。

* * *

据《哈佛商业评论》的数据，70%~90% 的重组型公司最终都会协作不畅。这是因为，合并后的公司没能做到一加一大于二。更让人惋惜的是，有一半的合并企业会自此走上下坡路。

在这个问题上，没有哪家公司像戴姆勒-克莱斯勒公司那样经历如此戏剧性的变化。合并之初，它的市值高达 1 000 亿美元，而仅仅三年后，市值就跌到了 440 亿~480 亿美元——与合并之前戴姆勒一家公司的市值相当。

人们原本以为这是有史以来最伟大的企业合并，一支汽车制造业的完美团队会就此诞生。可如今，究竟出了什么状况？

这次重大失利一直以来都是各个商学院津津乐道的案例。有分析认为，两家公司都高估了各自的实力，所以才会有此结果。也有人指出，是管理上的失误阻碍了公司的前进。

但是，500 亿美元市值不会仅仅因为这些就凭空蒸发。戴姆勒-克莱斯勒公司落败的原因并不是汽车质量不如从前，或是管理层忘记了该怎么干好自己的分内差事。在现代商业历史中，大部分企业在合并后都摆脱不了一个魔咒，而导致戴姆勒-克莱斯勒陷入绝境的，也正是这个魔咒——

文化冲突。

表面来看，两家公司的员工拥有很多相似之处。由工程师、设计师、流水线操作工以及管理人员构成的 40 万员工队伍中，大多数都是男性、白人，都对汽车抱有一腔热爱之情。

"他们的外形像我们，说话方式像我们，关注的东西和我们一样，英语也说得很标准，"在达特茅斯举行的一次案例研讨会上，克莱斯勒的一位管理人员这样评价他的德国伙伴，"根本不存在什么文化冲突。"

这个评价肤浅得让人发笑。

需要合作共事的这些德国人和美国人实际上完全不同。他们有着不同的交流习惯，不同的个人空间观，不同的谈判策略。对于女性进入职场以及领导者角色之类的问题，他们抱有不同的看法。在涉及汽车制造这个问题时，他们的情感强度、动机水平、思考角度等都不一样。换句话说，就像我们在上一章里看到的，他们的视角和经验法则千差万别。

新公司将几百万美元花在文化交流工作坊上，主题包括"美国的职场性骚扰"和"德国的用餐礼仪"等，但都是些流于表面的探讨。

在戴姆勒公司的员工们看来，美观性和精准性是汽车制造的首要原则，不能打一丝折扣。他们总说："要不惜一切代价地保证质量。"但是在克莱斯勒员工眼中，最需要关注的是车辆的实用性和车价的亲民性，顾客买得起才是关键。

美国人觉得德国同事是些精英论者，而德国人认为美国同事品位差、易冲动。一些戴姆勒公司的管理人员甚至向媒体表示他们"决不会开克莱斯勒制造的汽车"。

在相似的外表之下，美国员工和德国员工之间的差异实则大得不能再大了。

不到十年的工夫，公司解体了。施伦普在股东的一片怨声中离开，伊顿也从此销声匿迹。据悉，一家私募股权基金公司以 60 亿美元的价格（克莱斯勒 1998 年市值的 10%）买下了克莱斯勒公司的股份。此后不久，这家公司宣告破产。

* * *

除了所牵扯的资金数量令人咋舌外，这起案例在商业领域其实不足为奇。一半以上合并后的企业都无法维持原有水平，会出现市值缩水的情况。其中有一半的企业认为，导致失败的主要原因是"机构内部的文化差异"，另有 33% 的企业将失败归咎于"文化融合方面出了岔子"。

也就是说，大部分合并企业之所以蒙受经济损失，并不是因为它们经营失败，而是因为它们的员工没能很好地应对"差异"。

并非只有合并后的公司才会面临这样的问题。当公司将不同种族、不同性别、不同年龄的人安排在一起工作时，此类情形也会发生。在写作这本书的过程中，已有 90% 的《财富》世界 500 强公司专门设置了"多样性考核官"一职，负责招募种族、年龄、性别各异的员工。在它们眼中，这种人员配置会让团队有上乘的表现——这与我们上一章谈到的观点不谋而合。但就像公司合并后所陷入的局面一样，这种做法带来的后果并不让人振奋。将类型各异的人员组合在一起后，麻烦和问题就会接踵而至。

某些研究结果很能说明问题。在《战略管理》一刊中，一项由四所大学教授联合完成的研究指出，种族、文化、性别等差异"容易引发更多的冲突"。牛津布鲁克斯大学博士奈杰尔·巴塞特·琼斯补充道:"在成员异质性更高的团队里,矛盾出现的频次更高,人员流动性更高,交流障碍更多,人际融合程度更低。"

这让公司高管们左右为难。"假如将人员多样性因素(种族、年龄、性别)放在首位,那就得承受公司里冲突增多的风险,"巴塞特·琼斯写道,"而如果放弃多样性,则有可能在竞争力上居于劣势。"

欢迎来解答这个难题。

正如在执法部门的男女配置问题和登山问题中所看到的,认知多样性会让团队表现更上一层楼。但遗憾的是,所有研究都表明,它也会让我们陷入更多的冲突和争端中。这种冲突和争端往往会让整个团队在还没来得及发挥认知多样性优势之前就分崩瓦解。

哈佛大学教授在对700家美国公司进行调研后发现,人员的多样性不但没有给公司创造积极效应,反而在很多时候让事情向着更糟的方向发展。针对政府部门的调查也显示,推动人员多样性的举措并没有真的让它们"营造出不同性别、不同种族的人都能平等相处的工作环境",完全没有。更让人沮丧的是,波特兰州立大学的研究表明,只任命一些少数族裔去负责"人员多样性"项目,其结果只能是"将已被边缘化的群体进一步边缘化"。这样的做法其实是在加深彼此之间的鸿沟。

哈佛大学的政治学家罗伯特·帕特南在研究中指出,在选举问题上,一个城镇或是一个国家的民族多样性越高,参与投票或参与竞选的公民人数就越少。我们在上一章中曾提到,人口多样性较高的城市往往会在发明创新上表现突出。但是帕特南的研究却发现，这些城市中人们的社交信任度偏低，也就是说，人们的邻里关系并不是很和谐。后续研究还证明，社交信任度与"人类资本水平或技能"相比，更能对未来的经济发展起到预测作用。

呵呵。

等一下。我们不是刚刚用了一整章的笔墨在讨论多样性的好处吗？我们不是已看到领导层的多样性会给公司带来更多的利润吗？我们不是已发现警务和情报部门会在女性成员以及其他不同类型的成员加盟之后表现更出色吗？

做好心理准备，你要失望了。尽管第一章呈现了如上结论，但一项针对全美 464 个警务部门的研究证明，种族多样性越高的部门，警员被解雇或是主动辞职的比例越高。研究还表明，大多数公司也面临同样的状况。没错，差异性会有助于解决问题，但同时也会让同事之间产生更多矛盾。

设想一下，假如你是克里斯·荣格，生活在 20 世纪 70 年代。毕业之后，你的第一份工作就是进入联邦调查局做探员。来到这里，你发现自己是唯一的女性，而且是唯一有亚洲血统的探员。其他男性探员相处融洽，他们会每隔一周结伴在周五晚上去喝啤酒。他们会说些体育圈里的行话，会用"兄弟"间才有的语言来交流。如果你的言谈举止有一丝不同，他们就会感到不悦。当你建议周五晚上不去体育主题酒吧而是去喝两杯红酒时，他们会一笑置之。当你在开会时感到被忽视或是被粗暴打断时，那么除了你自己没有人会在意。如果你为此起身直抒不满，那他们会觉得你在冒犯他们。

最糟糕的是，这些同事中至少有一半的人根本就没有意识到你的苦恼。我们之所以频繁使用"文化匹配"这个字眼，是因为当文化匹配能够实现时，不同类型的人之间就能相安无事。在一个抱团严重的队伍中，假如你是个文化外来者，那么你独特的想法和视角虽然能发挥作用，但若是不能与其他人保持一致，那你的存在就会引发矛盾。

而戴姆勒-克莱斯勒公司最终正是落入了这样的境地。假如合并后的公司中员工之间没有那么多的差异，那也许会少出现一些矛盾，而矛盾越少，公司承受的经济损失就会越少。

或者说，他们至少是这么以为的。

2

数年前，在戴姆勒和克莱斯勒尚未合并之时，纽约市的廉租房区内就已经有人完成了一场合并，这场合并改变了罗伯特·菲茨杰拉德·迪格斯的人生。

迪格斯有十个兄弟姐妹，从小到大辗转住过十个地方。当他还在蹒跚学步时，父亲就抛妻弃子离开了家，走之前，还用斧子砍坏了家具。这就是他记忆中父亲最后的样子。

迪格斯母亲收入微薄，全家人只能住在政府修建的廉租房里。

先是在皇后区，然后又搬到布鲁克林，接着又是史坦顿岛（位于纽约）。在一间地下室的屋子里，迪格斯和他的五个哥哥只能挤在两张狭小的双人床上。天降大雨时，阴沟里的脏水会倒流到地板上，甚至没过他们的窗沿。

他是个爱思考的孩子。对于那段悲惨岁月赖以依靠的精神支柱，他还在日后用文字记录过。"当你生活在一个污水横流的世界中时，难能可贵的智慧之光会把你照耀。"他这样写道。

他的精神支柱就是宗教。他先是爱上了基督教，接着又对伊斯兰教中有关数学与世界和平的主张产生了兴趣。后来，他又迷上了道教。年仅 10 岁的迪格斯认定，所有宗教他都热爱。

但他还是没能从穿街走巷混世界的生活中抽离开来。他卖毒品，打群架，还曾有一个朋友被一个少年开枪打死。在 20 世纪 80 年代，住廉租房的孩子就是这样的生活状态，耶稣或是穆罕默德都无能为力。

20 岁出头时，迪格斯搬到了克利夫兰。很快，他就在一次火拼中被捕。当日他正开车送表弟的女友回家，结果被一伙心怀不满的流氓伏击了。对方向车子、向那个女孩、向迪格斯开枪射击。迪格斯也开枪反击。最终结果是，车子被毁，一人吃了子弹，而迪格斯被送上了法庭。公诉方想以"蓄意谋杀罪"判处迪格斯 8 年监禁，原因是他对着黑暗处开了枪。

这是克利夫兰检方对进入自己地盘的外来犯罪团伙的一次"杀鸡儆猴"式的惩戒。一个来自纽约、在廉租房长大的黑人完全无力与之对抗。但是迪格斯去查阅了法律文献。他接连几天通宵达旦地研究了以往的案例，准备了自己的辩护词。在轮到他上庭时，他慷慨激昂地陈述了自己的想法。他讲到了自己的生活。

四座哗然。他被宣告无罪。11 个白人陪审团成员中，竟然有三人在宣判后热情地拥抱了他。当地报纸的新闻标题诸如此类："迪格斯无罪获释，陪审团激动落泪。"

这是一次重生的机会。"我为自己赢回了 8 年的时光。"他说。获释后，他戒烟戒酒，退出了流氓团伙，返回了纽约。

从小到大，迪格斯的兴趣爱好从来都没有固定过。他对当地图书馆收录的功夫片的情节稔熟于心。对国际象棋的迷恋仅次于对他那套朴素的多元化宗教的热爱。他和廉租房里的伙伴下棋的时间总计长达几千个小时。而且，和同伴一样，他也被 70 年代末 80 年代初发端于布朗克斯的说唱音乐深深吸引。从 11 岁起，他就开始用临时拼凑的装备创作说唱节拍。

官司终结后，他又爱上了冥想式的远距离徒步。

在一次徒步的路上，他突然冒出了一个念头：他要把自己喜爱的几样东西——国际象棋、中国功夫、宗教以及音乐——融为一体。"冥想使我看到了它们之间的关联，看到了将它们结合在一起的可能性。"他日后写道，"我意识到在当时那个年代，还没有谁能做成这件事，因为他们都不能像我这样集多种体验于一身。"他要做的，是利用这些东西去开创有史以来最伟大的说唱音乐。他的目标，不是成立什么说唱组合，而是要创建一个说唱音乐的帝国，一支说唱军团。按照他最爱的功夫片《少林与武当》中的门派之分，他打算给这支军团取名为"武当派"（Wu-Tang Clan）。

很荒唐的主意。

接下来就是我们要介绍的第二个有关"合并"的例子。迪格斯请来了最好的业余说唱歌手，其中一些人是他在布鲁克林和史坦顿岛廉租屋居住时结识的老友。包括迪格斯在内，他们最后组队完成时共有 9 个人。这些人中有他的堂兄弟加里和罗塞尔，以及同屋住过的室友丹尼斯。另外几个人都是迪格斯当街头混混时遇到过的同道中人，都卖过毒品，有些甚至以前是他的仇家。之所以能吸引这些人加入，是因为迪格斯充分利用了他们对说唱音乐的热爱，以及承诺自此可以改变他们的生活，远离廉租屋。

"给我五年时间，我会让你们成为最棒的歌手。"迪格斯的要求很简单。他来负责创作说唱节拍，其他成员自己写歌词。每个人都需要创造出属于自己的功夫人物形象，由迪格斯来决定谁来唱，唱什么。至于经费，每人都得有所贡献，由迪格斯负责为大家赢取回报。

9 个人都投了赞成票，他们倾其所有，拿出了全部积蓄。

就这样，在 1992 年的 10 月，9 人集资租下了一间录音棚。他们是：加里·格雷斯（又称 GZA）、罗塞尔·琼斯（又称 ODB）、克里福德·史密斯（点子大王）、格雷·伍德（瑞空，绰号"大厨"）、丹尼斯·科尔斯（又名鬼脸煞星）、杰森·亨特（Inspectah Deck）、拉蒙特·霍金斯（U-God）、贾迈尔·阿里弗（马斯塔·基拉），以及罗伯特·菲茨杰拉德·迪格斯（RZA）。

但自此之后，这9个成员几乎置彼此于死地。

3

就像戴姆勒–克莱斯勒公司合并后美德两方的工程师和管理人员之间的相似性一样，迪格斯的嘻哈说唱团成员从表面来看也有很多共性。他们年纪都不大，都是强壮的黑人男性，都在纽约市的廉租房生活并长大，都热爱嘻哈音乐，也都多多少少地会些功夫。

要说共性，也就这么多了。

他们当中，有的来自史坦顿岛，有的来自公园山。还有两人甚至是布鲁克林对立帮派中的成员，这一点让其他人觉得很别扭。

撇开内在心理不谈，他们在个性上也是截然不同。有人沉静，有人暴躁。从年龄上看，最年长的成员已经26岁，而最年轻的还不到17岁。

他们固然都热爱嘻哈，但每个人的风格却不尽相同。罗塞尔魅力张扬，对节奏的把控达到了出神入化的境地。加里和贾迈尔为人冷静而散漫。克里福德声音沙哑，喜好自夸。大厨瑞空的说唱节奏快、势头猛，而杰森的唱法则是迂回婉转，渐至高潮。鬼脸煞星的歌里感情色彩更浓烈，而拉蒙特的歌词更能吸引黑人观众。

迪格斯认为这些差异很酷。但是，9个口味不同的厨子若是一起掌勺做菜，那做出的菜肯定不亚于毒药。

正如戴姆勒和克莱斯勒两家公司的员工猝不及防地开始合作共事一样，"武当派"成员走在一起时，彼此间极度缺乏信任。迪格斯和克里福德可能是团队里最懂艺术的两个人，但他们发生争执时会失去理智。瑞空和鬼脸煞星之间的互不信任达到了极致。瑞空认为鬼脸煞星是个骗子。他们之间势不两立的局面在此前就已持续了很久。

"我们不了解对方，所以无法信任彼此。"在提及整个团队时，瑞空曾这样对我说，"差距就是差距，永远不会消失，你懂吗？"

当这样的9个人坐在一起创作音乐时，他们只会针锋相对。有时候，一些人在外出时还会揣上枪，因为彼此间频繁爆发的口角随时都会演变成火拼。

但迪格斯有办法让他们把枪收起来。他的计划中还有第二个部分有待落实。

"他就像是个黑帮老大，"数年后瑞空回忆道，"把各大家族召集到一起，然后，他会提出一个高明之策。"

加入乐团并不意味着你的声音就一定会出现在唱片中，迪格斯之前就声明过。他要用嘻哈音乐诞生于地下派对的那种方式来制作"武当派"的音乐。

迪格斯告诉他们，每一个部分都将是歌词的比拼。节拍由他来创作，其他人则要拿着麦克风一比高低。

不管怎样，他说，"嘻哈就是一场对战"。

4

安德鲁：嘻哈音乐起源于牙买加，受到电音文化和声音系统文化的深刻影响。

　　［安德鲁·特里斯是"嘻哈天才"网站的责任编辑。此刻我正与他坐在布鲁克林区格瓦纳斯街一座由废旧车间改造而来的房子里，努力地从他口中了解有关嘻哈音乐的一切。我成长的地方是一片农场，接触的是含有朋克元素和乡村元素的那一类音乐，在初次准备采访"武当派"成员以及其他一些嘻哈歌手时，我甚至都不会发 RZA（应该读作"里扎"）这个音。］

安德鲁：嘻哈音乐是经由牙买加人库尔赫克之手进入布朗克斯的。他们之间也有声音之争，也就是说，以不同声音系统为基础的 DJ（碟手）之间会有冲突。

沙恩：同台演出时？

安德鲁：是的。

沙恩：那么，这些冲突是指，两个 DJ 分别在拉拢观众来加入自己这一方？

安德鲁：是的，直至自己这方的声音完全盖过另一方。

鲍勃：很抱歉来晚了。我从史坦顿岛赶过来。

　　（鲍勃·马克曼，在"嘻哈天才"网站负责公关联络。）

沙恩：没关系，我们正在聊嘻哈音乐的发展历史。

安德鲁：我正在说 DJ 和声音系统之间的对峙状态。这种状态与 MC（节目主持人）无关。

沙恩：MC 有点像是打下手的。

鲍勃：没错。先登台的 MC 从来不提自己有多棒，他们只是说，"看我的 DJ 有多棒"。

另一个 DJ 上场时，他的 MC 又会夸赞他的 DJ 有多棒。这种自夸最终就会引发一场比拼。MC 们会想尽各种招数来打压对方。

安德鲁：一个重要的转折点就是在……哈莱姆世界？忙碌蜜蜂对战库尔·莫迪时出现的。

鲍勃：对，是哈莱姆世界。

安德鲁：那是 1982 年，现在你从网上还能听到部分片段。那是嘻哈音乐的一次跨越，你知道，最初的派对口号都是"举起你的双手"。

（我听了那个片段。忙碌蜜蜂是喊着"巴—嘀嗒—巴—库—砰—其—砰"来把人群的激情点燃。）

安德鲁（接上段）：忙碌蜜蜂是个顶级帅哥，而库尔·莫迪当时正要加入 Treacherous Three 组合。他看着忙碌蜜蜂，那样子就好像在说，"这个帅哥也不过如此"。

接着，他用了音乐派对中从未出现过的长达 5 分钟的说唱把对方踩到了脚下。他明显是带上了个人情绪。

（库尔·莫迪：等等，忙碌蜜蜂，我不想显得无礼，但请收起那套"巴—嘀嗒—巴"的废话，来说些货真价实的东西。不得不说你就是在胡扯。）

安德鲁（续前节）：那是 MC 第一次以这样的方式来表达自己。那意思更像是：我要把你踩在脚下，我要让你看起来像个蠢货。

鲍勃：观众喜欢这个，因为此前他们从来没见识过这样的演出。

安德鲁：他们热爱这个。

鲍勃：忙碌蜜蜂当年可是头号人物。人们去参加这种派对首先是冲着他去的。你知道观众看见拳王弗洛伊德·梅威瑟在比赛中落败时是什么感觉吗？人们不是来看忙碌蜜蜂输给别人时的样子，但是当他的风头真的被别人盖过时，形势好像进入了一个新的拐点。也就是自那时起，嘻哈的改变才真正出现。

安德鲁：没错。

鲍勃：那些对战变成了传奇。人们把现场演出用磁带录下来，这些磁带又被当成唱片一样一传十，十传百。

安德鲁：最终，当这些内容被制作成唱片时，嘻哈音乐的规范也依此而奠定了。

沙恩：所以说，是"对战"催生了嘻哈音乐？

安德鲁：的确如此。

鲍勃：有一首歌就叫《克里福德对战大厨》，迪格斯就是要让他们在歌中针锋相对。

安德鲁：我认为，这种对战也催生了创造力。

5

20 世纪 70 年代布朗克斯的 DJ 和负责热场的搭档在用尽心思吸引观众的过程中，不仅缔造了一种新的音乐体裁，而且发起了一场音乐领域的革新。相互较劲儿的音乐人为了迎接一轮又一轮的对战，每一周都会创作出新的歌词。"假如这一次被对方击败了，那你会期望下一个星期五快点儿到来，好让你有机会打个翻身仗。"研究嘻哈音乐史的华裔学者兼作家郑金华这样告诉我。每个人都会在返场时拿出新的作品。

这些音乐人通常会对声音设备的原本优势进行最大限度的发掘。当年，在调低扬声器音量的同时还能继续用耳机听的设备——比如独立音衰控制滑杆——还没有问世。DJ 大师弗莱什于是自己动手将一个类似的推杆焊在了设备上，从而得以像变魔术一般将两张不同唱片的片段混糅为一体。如今，这已成为 DJ 行业的一种基本功，但当年却无疑是开天辟地的壮举。在电音设备问世后，DJ 们又将它和电脑存储卡连接起来。这使得他们可以在演出中利用一些现成的"素材"，或者叫歌曲片段。按动键盘，这些片段甚至是小提琴声和击鼓声就会响起。

竞技对抗让这些音乐人变得更富有创新力，也促使他们将更多花样翻新的想法融合在了音乐里。嘻哈音乐表面看来是个人之间的对抗，但其实他们是作为一个整体将这种音乐体裁推向了大众。在这股浪潮中不仅诞生了说唱音乐，而且还有节奏蓝调、泰克诺（高科技舞曲）、电子音乐，以及各种类型的电音。

＊＊＊

迪格斯花钱租下了一间狭小的录音棚，开始录制"武当派"的第一张专辑。

在那里，他将每个歌者的不同声音全部录入音轨，每个人都拼尽全力在唱，就像是真的在和其他人对战。迪格斯后来写道："无论是在音乐的声音、歌词的风格、节奏的较量，或是心理的准备上，'武当派'的的确确像是在练武。"他们制作了首张专辑，名叫《"武当"来袭！当心！》有8名说唱歌手参与，共收录了7首歌。他们把它放在汽车后备厢里开始四处售卖。

这张专辑独一无二，完全是一张史诗级的宏伟巨制。

数月之后，一名DJ在纽约广播电台上播出了其中一首歌。这出乎"武当派"成员的预料。他们趁热打铁，躲进莫宁斯塔路上的一间地下室，开始录制一张标准长度的专辑，名为《走进"武当"世界：36绝技》。

迪格斯用弯管从邻居那里引来电，好发动他那套借来的设备：一台八轨录音机，一台电子合音器，一个键盘。他借用了灵魂乐[①]的鼓点，模仿了电影《少林与武当》中的音效。

---

① 20世纪50年代发源于美国，是一种结合了节奏蓝调和福音音乐的音乐类型。——译者注

一连几个月，迪格斯就这样耗在地下室里。他的两只眼睛因为暴瘦而凹陷了下去。他的爆炸头也乱成了马蜂窝（他的原话）。鬼脸煞星会定期从杂货店买一些罐装食品给他。

终于有一天，迪格斯摘下了耳机。唱片大功告成。

《走进"武当"世界：36 绝技》无疑是一张经典之作。多名音乐人共同缔造出的这份声音无人能及。

在不温不火的俱乐部里，在汽车的后备厢里，这张专辑沉寂了三年。等到人们终于发现它时，它的销量很快就过了百万张。"武当派"的第二张专辑首发即荣登排行榜的冠军宝座。在后来的近 20 年里，又有累计 7 400 万张专辑被售出。"武当派"成员激励了一大批日后的格莱美大奖得主，包括坎耶·维斯特、肯德里克·拉马尔，以及白人歌手本杰明·哈格蒂和瑞恩·刘易斯。

最终，包括滚石唱片公司和《乡村之声》杂志在内的乐评人都把他们称为有史以来最伟大的说唱团体。

6

以上两个事例为我们呈现了另一个前后矛盾的难题。无论是汽车制造商戴姆勒-克莱斯勒公司，还是嘻哈团体"武当派"，都属于内部成员初看起来共性居多，但实则存在明显差异的团体。认知上的多样性使得这些表面上同质化的团体陷入了严重的冲突和矛盾。

在第一个例子中，冲突毁掉了整个公司；而在第二个例子中，冲突却成了改写音乐史的驱动力。

我们已经看到，若是依然武断地强调"由差异导致的冲突不利于团队发展"这一观点，那未免失之偏颇了。但是，若是得出相反的结论，同样也过于草率。

嘻哈音乐界的冲突绝不是一股积极的力量。在表演现场，冲突有时会向着龌龊的方向发展。第一代的嘻哈界先锋仅仅是在舞厅里争相邀宠观众。而到了 90 年代晚期，冲突往往是围绕着圈钱和占地盘而展开。[1] 东岸说唱歌手和西岸说唱歌手之间彼此看不惯，但他们没有以音乐的形式去打压对方，反而是拿出手枪怒目以对。

在两名敌对团体的嘻哈唱将接连遭受黑枪不治身亡后，这种冲突达到了顶峰。

"在图帕克被杀后不久，比吉紧接着遭遇毒手。这是我们觉知真相的时刻，"郑金华这样解释道，"这种音乐风格的强势崛起是源自对抗，但后来这种对抗从舞台延伸到了街头巷尾。冲突推动了行业革新，但如今，它却起到了相反的作用，这又是为什么？"

为了找出答案，让我们把思绪拉回到从前。

* * *

那是 1901 年。阳光明媚的夏日，你沿着俄亥俄州代顿市的第三

---

[1] 不可思议的是，在爱达荷州，我是在 10 年后才意识到这种冲突的存在。

大街向前走着。街两旁是些二层高的砖制建筑，有些是店面，有些是车间，还有些是冰激凌店。鸟儿在鸣唱，行人在闲谈。眼前是一派中西部地区闲适的田园景象。

当你走过一家支起条纹图案凉棚的自行车铺时，会听到里面传来刺耳的声音，是大喊大叫的声音。

假如你再次经过这家铺子，你会发现这样的声音每天都有。一大早就有，中午时分停一阵儿，午饭后又会继续。

这样无休无止的声音在南威廉姆斯大街上早就是一种常态，那里是这家公司之前的所在地。而在这家公司开设于北卡罗来纳州的第二家店铺里，这样的声音也丝毫没有停歇之势。

但是这样的吵吵闹闹并不像人们以为的那样，是关系不睦的象征。它只不过是两位店主的一种工作风格。

在需要解决问题的时候，他们会抬高嗓门争执起来。但紧接着，他们又会做出些有意思的举动。争够了之后，他们会暂告一段落，然后交换立场，再次开战。刚才的正方现在成了反方，而刚才的反方现在成了正方。这样的争论会一直持续到他们想出某个问题的解决办法为止。

在我们大多数人看来，精神分裂症患者般的大呼小叫会让我们陷入一种不愉快的工作氛围。

但是，我们大多数人都不是威尔伯·莱特和奥维尔·莱特。正是他们发明的飞机让人类圆了飞行之梦。

* * *

孩童时期，我就知道该以何种方式惹恼我的哥哥：拿一个弹弓，动用我的食指和拇指，向他射击。物理学上有一个术语，叫作"势能"，这个术语可以从我们两兄弟的互攻一事中得到很好的解释。一根静静躺在桌上的橡皮筋几乎不具备任何势能。不去管它，那它就一无用处。但是，假如你将它向着相反的两个方向拉伸，那它的势能会急剧增加。此刻松手，它必会飞弹出去。

拉伸的力道越大，换句话说，施加给它的压力越大，它的势能就越强，弹射出去的距离就会越远。

当然，如果力度过大，皮筋会崩断。它的势能会将其毁灭，它将再次陷入静默。我们可以用下图来演示这个概念：

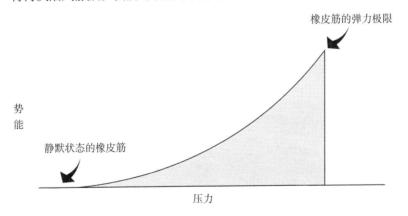

通过对橡皮筋物理变化的演绎，我们可以来类比一下团队中人与人之间的关系。无论何时，当不同的思路和想法相互碰撞时，都

会造成压力。一支由不同类型成员组成的团队此时就像是将橡皮筋拉向了不同的方向。压力越大，橡皮筋弹射出去的距离就越远，前提是它有一个明确的方向。当多样化认知相互碰撞时，势能就会增加，心理学家将这种现象称为"认知摩擦"。

和橡皮筋一样，如果团队中不同成员间的紧张感过于强烈，那事情就会被搞砸。团队会土崩瓦解。一切都不会有改观。

相反，如果这种紧张感完全不存在，一切同样不会有改观。一群人围坐一团，就好像一根始终静默的橡皮筋。

在这两种极端情况——要么静默不动，要么走向毁灭——之间还有一个可行区间，正是在这个区间里，团队能够缔造一番奇迹。我们不妨将这个因"认知摩擦"而产生更多势能的区间称作"压力区间"。为简单明了，我们姑且将它称为"区间"（见下图）。

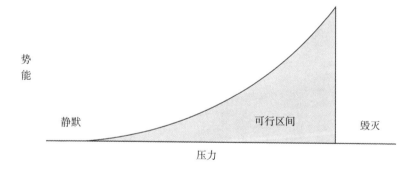

在美国俚语中，"如入忘我之境"（being in the zone）是指一个人做事时能全神贯注，发挥出最佳水平。因此，我们若是用大写的"区间"一词来指代团队合作创造奇迹的时刻，似乎并无不妥。让一支团队走进这个"区间"的关键，并不是一团和气或是保持同步，而是团队成员因不同的视角、经验和观点所感受到的压力。

在回顾伟大的团队组合之经历时，我们会发现这样的模式俯拾皆是。事实上，所有在认知多样性驱动下取得的成功都发生在这个区间。而它，也正好可以对前文案例中一些自相矛盾的现象做出合理解释。

莱特兄弟在有关飞机螺旋桨的问题上，一度遇到过障碍。他们需要用某个装置将机器向前推进，从理论上来说，螺旋桨叶片可以实现这一目标，但是他们尚不清楚该如何使叶片开始工作，如何在不让它失控的前提下将飞机送上天。因此，如往常一般，他们又争了起来。

他们一争就是好几个星期。两人来回调换着立场进行论证，直至发现他们的想法都出了错。一个螺旋桨解决不了问题，得要两个，两个分别向着不同的方向推进。这与刚才提到的"区间"原理真是异曲同工。

奥维尔和威尔伯都清楚，仅凭一己之力是造不出飞机的。正是二人之间的争论碰撞出的火花把他们推进了实现突破的那个区间。

但是，虽然争论让两兄弟得以共同开拓未知的知识领域，但这种争论也极有可能因太过激烈而变得危险，比如两人因此而真的动起手来，或是伤了彼此的感情。果真如此，那就像是弹力达到极限的橡皮筋一样，一碰即断。

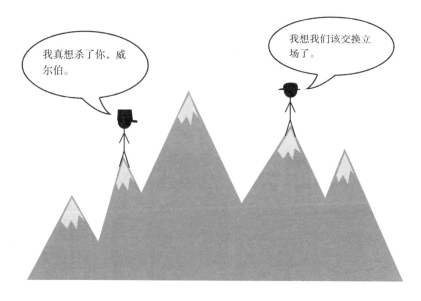

于是，为了将压力控制在安全范围内，威尔伯和奥维尔选择在辩论中适时交换立场。这一招让他们在阐明立场时能够摆脱个人主观因素的影响，使他们得以在不丧失理智的前提下换个视角去看问题。不以个人喜好为转移，而是以取得进展实现目标登上最高峰为宗旨，这让他们免除了内耗之忧。

"我不认为他们精神不正常，"一位与他们共事的机械师这样说，"但他们在针锋相对时的确很吓人。"

在那间深藏于地下室的录音间里，罗伯特·迪格斯也是利用了团员之间因多重风格和多样性格而产生的认知摩擦——以及他本人在品味了各种冲击碰撞时所产生的压力之后，创造出了一种新的音乐形式。各位说唱歌手在对战时形成的势能被他拿来一用，成为集体目标得以实现的根基。可以说迪格斯因此而制作出了嘻哈世界里最有威力的一副弹弓。是他尽可能长久地将一切维系在了"区间"里，最终成就了"武当派"各位巨星的辉煌。[①]

迪格斯善于将不同类型的说唱杂糅在一起，这种技巧也影响了每一个成员的创作。瑞空借助烹饪暗语唱出了他的街头混沌时光。克里福德将药品说明、"绿鸡蛋和火腿"（出自美国同名经典儿童绘本）以及迪克·范戴克的经典歌曲融合在了一起。杰森则在歌中唱起了帮派生活中的暴力，还融入了希腊哲学以及科学的元素。

---

① 在对战过程中，"武当派"的每一个成员都感受到了某种变化。他们因思维方式不同而形成的紧张关系拓宽了他们的视野，丰富了他们的经验。每个人都逐渐开始对其他人的创作风格产生好奇与敬意，而这也进一步促使他们成为思想更为融通丰富的个体。

尽管如此，"武当派"成员间偶尔还是会出现局面失控的冲突。多年来，他们有过无数次争吵、互殴、决裂。1997年，就在戴姆勒和克莱斯勒两家公司草拟合并议程之时，"武当派"成员间经年累月的内讧迫使它退出了与说唱金属乐队"暴力反抗机器"（Rage Against the Machine）共同举行的大规模巡演。

这一点倒是提醒了我。戴姆勒-克莱斯勒那帮可怜的家伙是怎么回事？异国同事之间的关系完全不像"武当派"成员之间那样剑拔弩张。没错，德国人和美国人是有不少差异，但他们从来都没有和彼此红过脸。

事实证明，他们的问题根本不是出在"冲突"上，而是相反。

7

每一位涉足人际关系领域的科普作家最终都绕不开戈特曼研究所[①]。我也不能免俗。刚开始研究创新团队的成功秘诀时，我就曾去那里拜访过。

研究所设在西雅图。负责人约翰·戈特曼与他的妻子朱莉·施瓦兹·戈特曼在此研究恋人关系，研究为什么恋人之间会相互吸引，以及为什么曾经相恋的两个人会分道扬镳。

———————————

① 其领导人约翰·戈特曼是情绪管理控制理论的首创者。

他们的研究结论令人震惊，但细思起来却很容易理解。

"交流的方式，比如两人意见不统一，或者向对方大发雷霆，从长远来看并没有什么危害。"他们说。事实上，此类冲突对于恋人之间感情的加深有着积极的促进作用。

倒不是因为争吵能增加我们的幸福感。真实原因是，如果你们还能争吵，那至少说明你们还没分开。这就好比你们二人在一起拉伸一根橡皮筋，其间会产生一定的势能。如果你们交流的时间足够长——只要没因为争吵而打起来——那么问题总会解决，一切又回归风平浪静。

说真的，预示一段恋情或者一桩婚姻快走到尽头的最主要指标，并不是两人之间的争吵，而是两人之间的沉默。

借助以下两个实验，我们可以将上述结论与团队建设及成员差异问题联系起来做一番探讨。在第一个实验中，研究人员分别来自哈佛大学、加州大学伯克利分校和明尼苏达大学，他们想要看看，在大型企业中，让员工有意识地关注人员多样性（种族、年龄、性别等因素）会不会对企业产生积极影响。他们寻找到 829 个以培养员工多样性意识为宗旨的企业，然后进行了长达 31 年的跟踪研究。2007 年，研究小组公布了他们的研究成果，结果令人震惊。那些要求员工关注人员多样性的企业并没有因此而受益。事实上，他们发现，"当'关注人员多样性'作为培训内容被正式提上日程，或是当员工被告知忽略人员多样性有可能会让他们吃官司时，其作用往往是消极的"。一再强调别去冒犯不同种族或是性别不同的人，反而让员工关系变成了一盘散沙。

第二项实验开展于 2015 年，另一支研究小组选择了一些准备在信息技术领域求职的白人男子，将他们分成了两个小组。在求职面试之前，他们告知其中一组人员，这家 IT 公司对种族多样性问题极为关注，而对另一组，他们什么都没说。结果表明，第一组人员在面试中表现更差一些。他们的心跳更快，情绪更紧张，话也更少。当种族差异这个概念萦绕心间时，他们噤若寒蝉。

在研究人员看来，这一结果"与这些白人男子的政治倾向以及对待少数族裔的态度无关，与他们如何看待白种人面临的歧视、如何看待公平公正亦无关"。[1][2]

以上两个研究都揭示了一部分人性。当被安排去和不同种族或不同性别的人一起共事时，我们的第一反应与那些被试并无两样。我们会如履薄冰，会因可能出现的压力感到紧张，所以我们会保持沉默，三缄其口，即便我们原本对他们心怀善意。

在某大型银行任经理的一位女士曾在晚宴期间就她所负责的人员多样性问题与我交流过。"最大的问题是，我们把形形色色的人招募在一起，然后告诉他们要按照我们设定的统一方式去思考。"她告诉我。不久之后，她就要前往另一家大型银行负责同类事务，而在

---

[1] 他们还说："这表明在多样性问题面前，人们的这种消极反应是多么普遍，即便是那些关注多样性的支持者也概莫能外。"

[2] 请注意，上述研究中所使用的措辞极不严谨，它们将"种族多样性"与"多样性"这一内涵更丰富的字眼混为一谈。读者朋友但请责之！

那儿，情况并不会有什么改观。"每个人原本都有各自的潜能，可以为公司文化添加不同的元素，"她说，"但是你会发现他们变得越来越沉默。"当一个人发现自己与团体中的其他人不一样时，最容易出现，也是最常见的反应，就是情绪紧张，继而陷入不言不语的状态。

我自己的亲身经历也可证明这一点。2016 年，我以 100 家国内大型公司的员工为对象，开展了一次全国性调查。我请他们描述自己与同事、经理之间的差异——无论他们在种族、性别、年龄、经历、教育背景、地域背景等方面是属于少数群体还是多数群体。接着，我会提出各种问题，其目的在于了解他们在多大程度上会将不同的思维方式应用到工作中。最后，我又结合这些公司的创新力指标对以上数据进行了综合分析。研究结果——鉴于前文中我们所讨论的内容——并不令人意外。创新能力强的公司——那些成长迅速、产品和服务更新换代快的公司——会更多地鼓励多元化思想的表达和不同观点之间的碰撞。它们不仅仅接纳多样性，而且还要让各色人等都尽情发声。

数据的说服力是不可否认的。无论人员多样性是多么丰富，只要管理者允许他们秉持自己独有的思维方式，那这个企业或者团体就会更高效，就能更快地登上属于自己的最高山峰。相比而言，那些不致力于创新的企业则更多地是在要求员工全部奉行一套唯一的、被广泛认可的思考方式，从而迫使人们将自己各不相同的视角和经验法则默默地收起来。这种企业在开创事业时远不及乐于鼓励员工表达思想的企业。

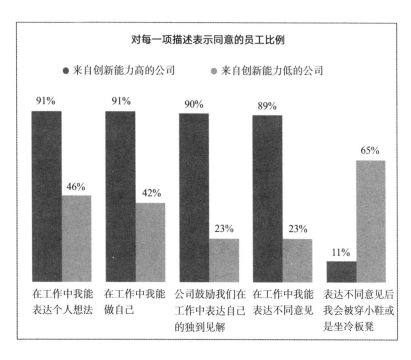

对每一项描述表示同意的员工比例

● 来自创新能力高的公司　　● 来自创新能力低的公司

91%	91%	90%	89%	65%
46%	42%	23%	23%	11%
在工作中我能表达个人想法	在工作中我能做自己	公司鼓励我们在工作中表达自己的独到见解	在工作中我能表达不同意见	表达不同意见后我会被穿小鞋或是坐冷板凳

　　而这，就像隐藏在身体里的暗疮，导致我们提到过的一些企业重组走向失败。

＊　＊　＊

　　公司合并之后员工会有哪些表现？ 2011 年，雅典大学的一些教授打算就此问题开展一番研究。他们找到了这样一些重组企业，与员工进行了面谈，在对方许可下，他们给这些人佩戴了跟踪监察的装置。

　　然后，他们坐回桌旁，开始从监控器上观察这些人，看他们去了哪儿，和谁说过话，说了些什么。众多研究早已证明，合并后的企业里最难解决的问题是文化融合。但这项研究是人们第一次亲眼目睹不同文化背景下的人是如何与别人说话的。

结果证明，他们彼此之间不怎么说话。研究人员发现，大多数企业的合并并不会导致更多冲突，反而会造成所谓的"组织沉默"。其基本意思是，团体中的成员不会就重大事务甚至一般事务发表意见。存在组织沉默的公司中，员工之间缺乏信任感。而缺乏互信会使一家合并企业发挥不出应有的潜能（我们将在下一章对此进行深度剖析）。

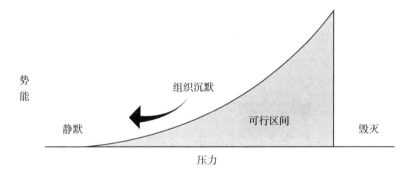

在很多新合并的企业里，当不同的视角和经验法则引发认知摩擦时，人们不是去解决它，而是选择了沉默。① 对企业而言，沉默比争吵更可怕。

回顾历史我们会发现，很多轰动一时的事件都与组织沉默有关。

---

① 我们不妨大胆断言，在前文中提及的那些人口多样性显著的城市中，人们参与公共事务的积极性之所以不高，也与组织沉默有关。

在臭名昭著的猪湾事件——美国在 20 世纪外交政策中犯下的一个重大错误——发生之后，几个前内阁成员相继承认，他们后悔当初没能挺身直言。在中央情报局头目试图让约翰·肯尼迪总统派兵秘密登陆古巴时，总统的内阁班子无一人表达意见。"在猪湾事件过去后的几个月里，"肯尼迪总统的助理阿瑟·施莱辛格写道，"我一直为自己在如此重大事件的决策过程中保持沉默而自责。尽管明知道出声反对也无济于事，顶多给自己招来骂名，但这种负罪感始终存在。"

我们再次假设你是荣格，你的团队伙伴与你的想法都不一致。你是会缄默不语，还是会冒着引发矛盾的风险直言不讳？

有差异的地方就会有压力和紧张。压力和紧张往往会让人心生畏惧。而心生畏惧之后人们通常会沉默不语。

戴姆勒和克莱斯勒两家公司正是如此。

蟋蟀隔山嚁嚁叫

一开始，德国公司的员工害怕遇到笨手笨脚的美国同事，所以他们选择"远离底特律"。戴姆勒-克莱斯勒的管理者因为害怕冲突，所以不愿意让两家公司的联系太过密切——连商标都不例外。尽管已签订了纸上盟约，但梅赛德斯、道奇、吉普以及其他一些车型之间就好比陌生人。"施伦普……私底下认为，将这样的两家公司硬是拼凑在一起毫无意义。"

克莱斯勒的总裁鲍勃·伊顿则显得沉默寡言。他曾一度连续数个星期没有和戴姆勒的负责人说过话。尽管他曾经热衷于所谓的"参与式管理"，但如今却好像已完全停止了参与。

彼得·斯多凯姆是20世纪90年代为克莱斯勒创下辉煌业绩的高管之一，当时公司尚未合并。他告诉CNBC（美国全球新闻网财经新闻）。"合并之后，经理们对自己的职业前景感到担心，当得不到任何承诺时，他们会做最坏的打算。整整18个月，我们就这样在德国人的不作为和自己人的麻痹状态中内耗着。"

我们真的能指望一切都朝着好的方向发展吗？

几年的时间里，克莱斯勒的两个重量级人物相继收拾行装，投入福特公司的怀抱。阴云笼罩在公司上下。管理人员工作不用心，普通员工也一个样儿。之前被寄予厚望的"协同效应"如今烟消云散，一切都开始瓦解。"当初吸引我的那个生机勃勃、无所不能的企业精神究竟哪儿去了？"乔根·施伦普悲叹道。

当初无所不能的那些人依旧在，只不过他们已经失去了无所不能的动力。

8

如果说红色军团中有谁堪称"秘密武器"，那我会力推长期担任球队队长的瓦雷里·瓦西里耶夫，原因恐怕出乎大家的预料。

各位可能还记得，他就是犯了心脏病还能坚持打完比赛的那个球员。他是个"拼命三郎"，愿意"将一切都留在冰球场上"。

和他的队友比起来，瓦西里耶夫在冰场上的技巧并不突出。他从未进过球。但他们不在乎这个。只要瓦西里耶夫出现在球场上，他们就能展现出最佳水平。

这在很大程度上源于球员在和教练发生争执时瓦西里耶夫所扮演的角色。吉洪诺夫是个严苛的教练，同时也是个专横跋扈的人。他不允许队员在训练季与家人联系，甚至不允许队员去参加亲人的葬礼。若是队员们搞砸了某场比赛，他会满嘴脏话，又打又骂。每逢这个时候，瓦西里耶夫就会代表队员们反击回去，在对方犯错的时候，他也会大声咒骂。

有意思的是，他们两人都没有因此而带上个人情绪。哪怕头一天刚刚和教练动过手，瓦西里耶夫还是会在次日按时参加训练，就好像什么都没发生过。吉洪诺夫在奥运会上撤下优秀队员，导致球队输掉"冰上奇迹"那一次比赛后，据说瓦西里耶夫在公交车上差点拧断了他的脖子。

"吉洪诺夫知道瓦西里耶夫会反抗，会做一些只有伟大的队长才能做出的事情。"《华尔街周刊》体育专栏的记者兼作家山姆·沃克说。这就是队长职责的一部分。"这无关私人恩怨，而是出于对整个球队的关心。"

两任教练因花样翻新的训练招数——包括跳舞、练习忍术、马拉松式的滑冰训练——而产生的认知摩擦，是红色军团出类拔萃的重要源泉。同时，教练与队长之间为了球队的荣誉而出现的剑拔弩张，也在推动着球员不断追求卓越。

我们在前面提到过山下吉斯先生，他常说的一句话是"水滴石穿"。如果一件事能让你产生团队归属感，那么一百件这样的小事累积在一起时，成员就会产生"组织信任"。这也进一步解释了，为什么像吉洪诺夫和瓦西里耶夫这样的人在大打出手之后还能继续共事。因为他们始终把冰球事业放在首位。相反，一个人若是多次被忽视或被孤立——即便单个来看每一次都是别人无意或者压根儿就不算个事儿，也会让他产生一种局外人甚至是被厌恶的感觉。[①] 在一支队伍中，坐冷板凳的那个人，从不获邀参加庆功宴的那个人，从不被要求建言献策的那个人，其实是幽灵一般的存在。

正因如此，盖洛普提供的数据才证明，当领导忽略自己的下属时，那些"不积极参与"的人员比例会高达40%。盖洛普公司的汤姆·拉斯在他的《我的优势2.0》一书中写道："一个对你视而不见的

---

① 这种现象如今被称作"微进攻"。单次的疏忽怠慢并不要紧，但假如你碰巧是第一千个表现出这种态度的人，那么你给对方带来的伤害会远远超出你的想象。当我碰到第十五个叫我"肖恩"而不是"沙恩"的人时，我会很难控制住自己的火气。人们每天都在承受着这样或那样的"微进攻"，它们的负面影响实则大得惊人。

上司要比一个总挑你毛病的上司更可怕。"

红色军团中不存在这个问题。"武当派"说唱组合中也不存在这个问题。

从走向自我毁灭的可能性来说，"武当派"要比戴姆勒-克莱斯勒大得多。前者由 9 个性格迥异、反复无常的年轻人组成，而后者则由"旗鼓相当"的两个实力派企业合并而成。"武当派"成员尽管会争吵，会罢演，会为了钱在公众面前打得不可开交，但他们却在 25 年的合作生涯中共同制作完成了 7 张唱片。他们之间没有出现过"组织沉默"。矛盾发生时，他们总会起身去解决，因此他们一直就像一家人，从未分开过。[1]

虽然团队成员的窝里斗让人感到不快，但迪格斯意识到，正是这种摩擦造就了他们的成功。

"以钢磨钢，"迪格斯说，"两块钢都会更锋利。"

9

1983 年，电影《少林与武当》上演。片中第一幕是在一家武馆，两个门派的弟子正在此一较高低。一派是少林，深谙拳术；另一派是武当，精于剑法。

---

[1] 阿莫斯·巴沙德在 Grantland 网站上说："他们爬出了少林寺的贫民库。那里永远也不会有美景。"

没比多久，两派的师傅就各自叫停认输。"别把看家的本事都使出去！"少林派的师傅交代道。他们不怕输，反倒更怕弟子们没轻没重泄露了天机。

时隔不久，阴险狡诈的秦王从奸细口中听说了武林秘籍一事。他唯恐自己的政权因此而受到威胁，因而定下奸计想要铲除这些武林高手。他举办了一次比武大会，想要坐山观虎斗，看两派自相残杀。

但是，片中第一幕就登场的两派弟子听说了秦王的阴谋。于是他们决定联手合作。他们将自己独有的经验法则——少林的拳术和武当的剑法——融合在一起，创造出了无人能敌的新式绝学。秦王就这样被打败了。

"你们真是天才，竟能将这两种功夫结合得天衣无缝！"影片最后一幕中，皇后对年轻的勇士发出了赞叹。

而在罗伯特·迪格斯这里，被融合在一起的不是两种技巧，而是9种。而且，按照功夫传统，他的每一名说唱干将都得将不同的风格、不同的想法以及音乐之外的隐喻统统融进自己的创作中。

在成立"武当派"10年后，迪格斯终于拥有了足够的经济实力去远涉重洋。他横跨7 000英里（11 265公里）的距离，终于看到了真正的少林，也终于见到了向往已久的武当山。

"站在山顶，眺望人们所说的'九龙脊'时，"他回忆道，"我们能看见，三座山峰形成了一个W形状，正是我9年前成立这个9人团队时所选择的队标。如今它就静静地躺在那里，躺了有几百万年那么长。但如果你心中还没有做好准备，那你也许依然看不见它。"

迪格斯的执着使他在寻找属于自己的那座山峰时获得了独特的视角。他和他的兄弟们若是想摆脱廉租房的生活，那就不得不去攀登这座山。

通过中国功夫，迪格斯学会了一点，摩擦会让人们的思维变得更敏锐，而且，当多人的思维联合在一起时，会达到一人之力难以企及的高度。通过宗教哲学，他发现看似矛盾的事物交融在一起时能产生出其不意的效果。通过国际象棋，他意识到，就像冰球队队长瓦雷里·瓦西里耶夫和发明飞机的莱特兄弟那样，要抛下个人恩怨，一切以大局为重。

"最重要的是，你得知道，问题出在决策层，不在你。"迪格斯回忆道。

* * *

如我们所见，当多种视角和经验法则交织在一起时，随之而生的势能会大得惊人。但这些能量不会自己跑出来，除非我们聚在一处集思广益。换句话说，要打造创新团队，我们首先得制造出点让人紧张的"压力"。

"可行性区间"这个提法极具说服力。但无论是迪格斯、戴姆勒公司，还是莱特兄弟，他们的经历都证明，要让认知多样性为我们所用并不是件容易的事。很多情况下，原本能够让我们取得成功的那份压力却将我们带向了毁灭或是静默，其原因就是我们没能正确看待自己与他人之间的差异。

这个问题及其解决办法其实与我们大脑中央某个小小的区域有关。

第三章

神奇的圈子

游戏如何缓解冲突

"这些老鼠抑郁了。"

1

20 世纪初叶，移民的大规模涌入让布宜诺斯艾利斯陷于一种紧张的氛围。

位于南美洲东南部、依傍在美丽的拉布拉塔河旁的布宜诺斯艾利斯是阿根廷的首都。1870—1910 年的 40 年里，这座城市的人口从 20 万猛增到了 150 万。新增人口中大多数并不是阿根廷本国血统，而是来自意大利、德国、匈牙利、俄罗斯以及其他几百个不同地区的移民。

当阿根廷在 1880 年成为独立国家时，其国土面积与整个欧洲相当，人口却仅是伦敦的 1/5。政府希望更多的移民能迁入阿根廷，以达到开垦耕地、促进经济发展、增加税收等目的。因此，在 19 世纪末，阿根廷政府向欧洲各国提供了 13 万张免费船票，请他们横跨大西洋来此定居。第一批抵达的移民对阿根廷的一切交口称赞，于是，越来越多的外来人口乘着船来到了这里。

很快，布宜诺斯艾利斯就变成了一个朝气蓬勃却肮脏无序的大都市。与其他一些移民人口众多的城市——纽约和圣保罗——一样，每一批新移民的涌入都会为城市多增加一份摩擦。移民们骄傲地说着自己的母语，对本地人所讲的西班牙语不屑一顾。不同民族之间的小型冲突开始增多。伴随着每一拨新移民的到来和每一块新区域的出现，恐慌之情也在原有的居民中蔓延，他们担心自己既有的生活方式会土崩瓦解。

第一批犹太移民抵达之前，布宜诺斯艾利斯的情况就是这样。

对于这些非基督教教徒的到来，阿根廷人民无论如何也高兴不起来。他们看不懂犹太人的行为方式，也不理解他们为何如此。而在政府层面，执政者们不希望让犹太人拥有土地。这些犹太人离开东欧的故土时，心中期盼的是更美好的生活。然而到这儿之后，他们才发现自己不可避免地被划归到布宜诺斯艾利斯一个不尽如人意的地区。截至1910年，生活在这座城市的犹太人口已高达68 000人。

当时的报刊标题将本地人的恐慌展现得一览无余。1898年，《布宜诺斯艾利斯先驱报》上的一篇文章就发出了这样的质问，"我们要变成一个犹太共和国吗？来自俄罗斯的犹太移民人数已经在人口榜上位列第三，而叙利亚的阿拉伯人（土耳其人）和其他阿拉伯国家的人们还在源源不断地涌向我们的口岸。"

犹太人被成功地阻截在了优质社区和公民权利之外。他们成了被谩骂和被攻击的对象，有时还会沦为暴力的牺牲品。

在众多当地人宣扬"真正的阿根廷人"——高卓人（拉丁美洲民族之一）的神话的过程中，这种紧张情绪被进一步激发了。高卓人是一支男子气概十足、爱国情结强烈、驰骋于马背上的民族，被誉为阿根廷的象征。他们出生在南美洲的大草原上，在那里生活、成长。在人们心中，一个阿根廷人若是没有一点点高卓人的血性，那就不是真正的阿根廷人。

受惯了迫害的犹太民族此时不得不做出一个痛苦的抉择：要么放弃自己的犹太身份融入阿根廷的文化，要么放弃眼前这份远离迫害的生活。他们当中的大多数人与高卓人的品性格格不入。他们迟疑了，我们会被赶出去吗？

* * *

在本书中，我们已经见证了由差异而激发出的伟大合作，也了解到重大进步往往源于认知摩擦。但，正如我们在上一章所言，鉴于认知摩擦容易使人们产生紧张感，因而许多团队往往没有发挥他们的最大潜能。在这一章中，我希望能就此进行深入分析，看看如何才能减少人们的恐惧，让人们不要因恐惧而疏远彼此或是耽误正事；看看该如何对待那些貌似紧张却蕴含极大潜能的关系，以便它们能够进入足以缔造奇迹的区间。

发明飞机的莱特兄弟采取的"交换立场式"辩论策略是一个了不起的做法，它使得二人之间的矛盾变成了建设性意见的源泉。交换立场，交换观点，这让他们不会带着个人情绪去做些出格的举动。但是，在某些情况下，比如在 20 世纪 20 年代的布宜诺斯艾利斯，这样的策略并无助于将这个城市改造成一个本地居民与外来移民和谐共生的地方，前者心存恐慌，而后者则是在夹缝中求生存。"武当派"成员擅长应对矛盾，因为他们生活并成长的地方是纽约市最破败的贫民区，所以他们愿意来迪格斯手下一较高低，愿意一起做音乐。但是，布宜诺斯艾利斯的犹太移民和阿拉伯移民可没那么同心协力，他们不会联起手来与阿根廷本地人就社区事务进行慷慨激昂的论辩。所以，这个城市遭遇了大部分移民城市都曾遇到的困境：人们逐渐自成一派，只在属于自己的领地里生活往来，将与不同民族的交流缩小到了尽可能小的范围。

管理一座城市——或是规模不一的各类社区——需要涉及大量的团队协作。当人与人之间的交往活动增多时，经济也会随之发展。当大家形成"人人有责"的意识时，城市治安会改善，卫生状况亦会有提升。要确保人们丰衣足食、生活安定、居者有其屋，这不是市长一人之力能够完成的。

人类最初之所以能开展合作，正是受到这一类社会活动的影响。人类大脑能够解读肢体语言和面部表情，甚至能够解读语言本身，这种能力是进化的产物，在进化的作用下，智人变成了这个星球的主宰。正因如此，看似弱小，但善于合作的人类才能成功地将长毛猛犸象和大犰狳送上灭绝之路。在食肉动物面前，人类不仅能够保护自己，而且还能置对方于死地。

但是，在这个消灭了剑齿虎的星球上，人类很快又有了新的敌人：那些与自己不同的族群。

具有讽刺意味的是，当初是求生的本能让人类携起手来并肩战斗，而这一刻，同样的求生本能又让他们兵戈相向。我们固然可以信任自己的部族同胞，相信他们不会为了一块长毛猛犸象的象肉而将我们杀死在梦中，但是我们会担心其他部族的成员干出这样的事。在面对外表不同、言谈举止也不同的外来者时，我们的大脑很容易将对方预设成一种潜在的威胁。

科学家将这种现象称为"内团体心理"。为了在潜在威胁到来时尽可能快地做出反应，我们健康人的大脑会自动将人分为两类，一类是安全的"内团体"（比如我们的部族同胞，或是与我们拥有相似特性，让我们会不由自主地去信任、去帮助的那些人）。另一类是可疑的"外团体"，也就是"内团体"以外的其他所有人。

神经科学家已经发现，我们的大脑构造的确能履行以上功能。负责这些功能的区域叫作杏仁核，它是一对椭圆形的结块，位于大脑中央，负责帮助我们识别潜在风险，激活我们体内的一系列自动反应装置，使我们在危险真的到来时能够做出进攻或是逃跑等动作。

它的工作机制是这样的：假设你正在街上走，一辆小型货车突然驶离行车道朝你冲过来，此刻，你的大脑认定这个突然冒出来的、以飞快的速度冲你而来的庞然大物对你构成了威胁，杏仁核警报因此拉响，数不清的化学反应继而产生。大脑会分泌出大量谷氨酸，它让你呆若木鸡，让你全身紧绷。谷氨酸会向下丘脑发出信号，而下丘脑的反应会引起肾上腺素的大量分泌。它会使你心跳加速，血压升高，而加速的心跳和升高的血压会促使你做出要么跑要么打的反应。（你要是个聪明人，就不会在这种情形下选择打。）

大脑是个神奇的器官，危险来临时，它能让你在瞬间做好应对准备。

这种因恐惧而生的本能反应在某些情况下是一件好事，比如在史前部落交战之时，或是在小型货车失控之际。但放在现代社会中，当涉及人与人之间的关系时，它却只会起到消极作用。当我们遇到与自己长相不同、说话和行为方式也不同的一群人时，即便相互并没有产生冲突，大脑中的杏仁核也会引发相同的连锁反应。

神经系统在我们遭遇陌生的人或者陌生的事时出现的一系列化学反应很难被人为控制。它会在我们与陌生人尚未开始合作时就制造出一种紧张感。若是将理性因素放在一边，那么当外团体成员进入我们的地盘时，我们的本能反应就是避而不见或是干脆让他们消失。①②

科学是毋庸置疑的：只要我们大脑中的杏仁核功能正常，那我们就会对"陌生的人和陌生的事抱有一种根深蒂固的恐惧心理"。在

---

① 戴姆勒和克莱斯勒的员工之间并未发生冲突，所以他们以"组织沉默"的形式来逃避对方。我们当中的大多数也不打算和人力资源部的鲍勃打你死我活，尽管上一轮业绩评价中他让我们感到喘不过气。因此，我们都会选择躲着他。

② 神经经济学家保罗·扎克的研究指出，在信任度较低的组织中，员工请病假的比例要更高。

希腊文里，这叫仇外症（xenophobia）。①

话题扯得有点远了。毕竟这个世界广博而辽阔，人类完全可以与彼此保持足够远的距离，老死不相往来。但那是在穴居时代，人们还不知道何为星巴克，还不知道一个三流的星巴克会远远好过一个一流的洞穴。农耕文明的出现预示着人类将会以极其相近的距离共生在这个星球上。

届时，曾经为我们的生存立下大功的杏仁核以及内团体心理将不再具备以往的功用。我们的生活将被外团体成员包围，不仅如此，为了自身发展，我们会比以往任何时候都更需要他们，都更需要他们带来的多样化认知。

* * *

让我们将思路拉回到20世纪初叶的布宜诺斯艾利斯。当看到各个国家的异族接连不断地涌入时，这里的公民开始恐慌了。该如何应对？

一种可能是，当地人故意忽略犹太移民的存在。他们限定犹太

---

① 顺带说一句，当在键盘上敲下"我们都患有仇外症"这几个字时，我还是吓了一跳。在探索人类合作这个话题的过程中，我并没有料到会有这样一个严谨的科学论断来证明自己也是个仇外症患者。听到它时，我的第一反应是，它是错的，我要把这句话彻底删去。但正是这第一反应，让我意识到它的确存在。在面对一个闻所未闻且让我感到不快的新概念时，我的本能反应正是逃避。因此，出于免做伪君子的考虑，我把这句话保留了下来。值得宽慰的是，我相信诸位的大脑也和我的一样，都被植入了这样一个"仇外"的装置。

移民的活动范围，不许他们参与公共事务。但假如犹太人的人数大幅度增加，那该怎么办？假如犹太人也想在市政管理中占有一席之地，也想在雷卡莱塔区拥有一套住房，那又该怎么办？长此以往，冲突迟早会爆发。

另一种可能是，当地人听从自己的本能，去镇压消灭那些移民。他们可以把对方打到趴下，可以剥夺对方的一切权利，甚至是杀死对方，就像数年后阿道夫·希特勒政权在欧洲犯下的暴行一样。

最理想的对策，无疑是让双方建立起互信。这需要他们做到以下两条中的任意一条。（1）用意志去遏制本能——那将是一次艰苦卓绝的对抗；（2）想办法将这些外来者变成他们内团体中的一员。

当然，在1910年，人们还不知道何为"内团体"。

* * *

在世界历史中，只有一个国家在接收移民的数量上超出了阿根廷，那就是美国。从很多方面来看，布宜诺斯艾利斯的情况与纽约曼哈顿移民帮派之间的紧张状态如出一辙。最初，对外来犹太移民[1]的打压甚至危及了整个城市的稳定。

但是，接下来发生的事情让所有人感到意外。在欧洲各地，无数犹太人被压迫、被杀害。在美国，犹太人也被限制居住在隔离定

---

[1] 当时，几乎所有国家的移民都陷入了被边缘化的境地，但是在布宜诺斯艾利斯以及其他大部分城市，犹太移民受到的排挤最为严重。

居点。而在布宜诺斯艾利斯，反犹主义的呼声却日渐式微。布宜诺斯艾利斯成了——除去现在的以色列——唯一一个全方位接纳犹太人的地方。阿根廷的首都因其彰显的世界性文化而声名远扬。港口居民①对移民抱有的恐惧心理，以及他们因仇恨异族而实施犯罪——目标就是那些与自己不同的人——的概率在全世界均属最低。阿根廷人缔造了一种人格身份，使得外来移民都变成了他们的"内团体"成员。

他们是如何做到的？为解决这个问题，让我们先来看三则有关电脑发烧友的故事。

2

第一个故事讲述的是来自马萨诸塞州的一群电脑发烧友。

当时是 1999 年。就在戴姆勒-克莱斯勒公司陷入合并后的僵局之时，通用学习技术公司（ULT）的总裁卡罗尔·瓦隆正在着手进行属于她的一次合并。

ULT 公司资金雄厚，发展迅猛。它旗下雇有大批的电脑程序员，专为教师的在线课堂教学提供软件服务。与此同时，在加拿大温哥华，英属哥伦比亚大学的一位教授也在为一家线上教育机构工

---

① 阿根廷人称自己是港口居民。

作。这是一个非营利机构，名叫 WebCT。在两年的时间里，已有将近 300 万人成为 WebCT 的注册用户。

这是一个经典的浪漫故事——非营利与营利的邂逅。WebCT 拥有强大的人脉和客户网络，喜欢在雨中漫步。ULT 则运作成熟，享有技术上的优势，但很怕老鼠。它们会走在一起吗？

最终，瓦隆表白了。ULT 收购了 WebCT，两个数字时代的宠儿手牵手去看夕阳了。

只可惜，蜜月终会结束。瓦隆很快就发现，两家公司的企业文化简直是格格不入。一个是加拿大西海岸的非营利机构，另一个是美国东海岸的营利机构，二者的思路完全不在一个频道上。

ULT 的员工心怀壮志，富于创造力，有时甚至显得有些性急。当瓦隆宣布要收购 WebCT 时，他们的反应很冷淡。

WebCT 的员工却恰恰相反。他们的学术气息更浓，做事更小心谨慎。"他们觉得这些穿蓝西装的家伙是要来温哥华接手公司。"瓦隆回忆道。双方的矛盾一目了然，一触即发。

"组织沉默"随即而至。瓦隆还记得，加拿大方面最大的担心是，WebCT 会自此将重心放在吸引投资商上，从而忽略对企业自身的打造。而美国方面则担心，加拿大一方的学术氛围和非营利思想会减缓企业的发展速度，妨碍企业的创新。刚刚喜结连理的这两家公司能不能和谐相融，瓦隆心中并没有把握。双方都抱着一种怀疑的态度。"如何才能建立互信？"瓦隆问自己。

ULT 和 WebCT 的合并既有可能因多样化视角和经验法则的融

合而走向成功，也有可能因多样化而走向失败。"你现在处境危险。"员工们的潜意识发出了这样的警告。"快跑！要么就快点迎战！"恐惧心理渗透到了整个企业。

3

关于电脑发烧友的第二个故事与偏见有关。

"最可怕的事，莫过于走上前去和一个漂亮女人搭讪。"哈宾格说。

我曾经在野营时撞见一头成年的棕熊，它吃掉了我全部的食物。因此我并不能苟同上面这句话。只不过我没有说出自己的想法。

当时是在洛杉矶，我和哈宾格就在他的"魅力艺术"公司①里，这里正在进行为期一周的"自信心提升营"项目，专门帮助那些被社交焦虑所困扰的年轻人。而我正在就此话题写一篇杂志专访。

哈宾格的话起初让我很不以为然。但是，在看到他的客户之后，这种想法变了。8个年轻人坐在沙发上，看起来谨小慎微，笨头笨脑。②其中一人说，人多时他常会感到紧张，一紧张他的声音就会变得又细又尖。另一个是来自菲律宾的移民，他不敢和美国女性说话，但他又想早日组建家庭。还有一个是电脑程序员，从科罗拉多州来，

---

① Art of Charm，以讨论社交技能为主的播客。
② 请原谅我的措辞，但是我相信我的判断。

这么多年，他从未鼓起勇气向任何一个女孩子发出约会请求。诸如此类。每个人都有自己不一样的经历和故事，但促使他们来到这里的，都是同一个问题：社交焦虑。

哈宾格做的第一件事，就是找来了——注意——一个"活生生"的女人。她叫苏珊娜。我们的任务就是当着这些人的面轮番去和苏珊娜搭讪聊天。与此同时，哈宾格会用录像机将整个过程录下来。和陌生人聊天是我的工作，但是，当着"自信心提升营"教练的面，面对着摄像机的镜头，我突然紧张了起来。对面这群电脑发烧友好奇地张大了嘴巴。我大脑里的杏仁核开始活跃起来。

提升营里每天都有类似的训练。星期一是和苏珊娜聊天。星期二是练习与陌生人击掌庆贺。到了星期三和星期四，当地一家即兴喜剧演出团体的两个女演员会带着大家做些简单的游戏。

游戏中，她们会让我们进行角色扮演，和她们一同完成一些搞笑的喜剧片段。这些角色中，有外出求职的连环杀手，有不加掩饰向同伴表达感激之情的健身爱好者，还有为琐事而闹分手的夫妻。我们会坐成一圈儿，一起来编故事，每人每次只说一个词。大家常常笑得在地板上打滚。

哈宾格将这种做法称为"接触疗法"。他说，克服社交恐惧的最好办法，就是多将你自己置于此类场合中。害怕陌生人？强迫自己去面对。害怕女人？强迫自己花些时间去和女人相处。

接触疗法的有些环节显得很可笑，但哈宾格指出这种疗法有一定的科学依据。

先是社会心理学家罗伯特·扎乔克在一项经典研究中发现了所谓的"接触效应"，后来又有人于 1967 年在一篇新闻报道中做出了进一步诠释：

在俄勒冈州立大学，一个神秘学生已经连续两个月身套大号黑色袋子出现在课堂上。他全身上下都被袋子遮得严严实实，仅露出了一双脚。每周星期一、星期三和星期五的早上，这个"黑色袋子"都会在 11 点钟准时出现，然后坐到教室后面的一张小课桌旁边。这门课是"演讲 113——说服技巧入门"。授课者是查尔斯·奥廷格教授。教授知道袋中人的身份，但其他 20 名学生并不知道。据奥廷格观察，这些学生对神秘人物的态度经历了敌对、好奇、友善三个阶段。

一开始，班上的同学对套在黑色袋子里这个一言不发的怪人并不友好。但是在多次接触之后，他们不再害怕这个怪人，甚至开始喜欢上了他！奥廷格在此项研究与其他一些研究的基础之上，得出了以下结论：人们与某个事物接触越多，就越不会害怕它。

在"魅力艺术"公司，苏珊娜以及其他陌生人就好似那个身罩黑色大袋的怪人。来这里寻求帮助的那些人一直以来都在回避与陌生人的接触。所以，迫使他们不断和陌生人交流，这不仅是一种极好的练习，而且还能帮助他们克服恐惧心理。

一周结束时，我在他们身上发现了惊人的变化。这些电脑高手开始在酒吧里主动去和陌生人打招呼，会请对方跳舞，还会就好莱坞星光大道的见闻和对方聊上一通。

这给我留下了深刻的印象。哈宾格的接触疗法真的奏效了！

* * *

从哈宾格的自信心提升营及其奉行的接触疗法中，我们很容易得出这样的结论：布宜诺斯艾利斯之所以能宽容地接纳犹太移民，就是因为他们彼此抬头不见低头见。但是，这个解释并不能令人信服。若是按照这个逻辑，其他移民人口众多的城市，比如20世纪初的圣保罗和纽约，也应该能对移民宽容以待。调查显示，在涉及是否担心外来移民反客为主、是否担心犯罪率会因移民的增多而上升等问题时，这两座城市的居民的确在"仇外"程度上随着时间的推移而有所减轻。但若是论及接纳移民的态度之坚决、速度之快，那么布宜诺斯艾利斯绝对是排在首位的。

对于一群大学生，频繁接触神秘的"黑色大袋"能够快速引发"接触效应"，但是对于一个民族，若是其对另一个民族的宗教怀有根深蒂固的偏见和恐惧，那无论彼此间接触多么频繁，这种"接触效应"都不会轻易出现。对布宜诺斯艾利斯而言，要在短时间内消除这种存在已久的偏见和焦虑并不现实。WebCT的员工若是不放下内心的恐惧和紧张，仅凭彼此频繁接触，团队上下一条心的局面也很难出现。哈宾格在帮助社交焦虑症患者时，如果只是简单地让一群陌生女人来把他们包围，那这些人恐怕也不会在那么短的时间里就能克服恐惧张口去和陌生人说话。

事实证明，哈宾格也罢，布宜诺斯艾利斯也罢，瓦隆也罢，他们都使用了一件更有效的武器。

4

2005 年，一群形色各异的人为着一个共同的目的聚集在了一起。他们一共有二十多人，每个人在队伍中都是平等的合作者，没有地位高低之分。这就是我们要讲的第三个有关电脑发烧友的故事。

这些人来自世界各地，有亚洲的、大洋洲的、欧洲的，还有来自美国各地的人。有的是四处奔波的销售员，有的是大学教师，有的是城市公交车司机，还有的是商务客机飞行员。他们当中有中国留学生，有印度学者，还有从事地产代理的高加索人。有爷爷辈的，有带着弟弟的年轻女孩，有酒吧侍应生、消防员、电脑编程员，有建筑师、工程师、侍者、高中生，有保健大夫、兽医，还有丈夫在伊拉克打仗留守在家的主妇。

是什么事让这样一群人聚在了一起？他们究竟要去哪里？

实际上，他们会合的地点不是真实世界，而是艾泽拉斯（Azeroth）网站，在所有参与网络游戏《魔兽世界》的玩家心中，这里就是一个仙境。①

这些人组成了一个游戏"协会"——一支一起参加这个游戏的散漫的团队。他们只听过彼此的声音，对于彼此的生活方式、所处地区以及收入水平等则知之甚少。如果缺乏更深入的了解，那他们可能在大街上会像陌生人一样擦肩而过，相遇而不相识。

但眼下，他们会合了。毒蛇神殿依然处在善变的海德斯这个恶魔的掌控之中。

我不想赘述所有细节。② 简单地说，MØndr@ke 和 Cylonluvr 发现巫师能够通过投掷瞬时加速点来控制"潜伏者"的一举一动。但是天使纳维奥被激活，很快她就制造了盘牙洞穴的混乱。"协会"中的所有人都以为角色被篡改——直至斯诺普斯博士和弗拉特百清理了平台包。自那之后，他们的角色变成了盘牙洞事农的暴民。潮汐行者级别不高，却打掉了纳鲁的发光柱，之后海德斯被干掉。但就在此时，9 号玩家詹尼卡说她妈妈命令她退出游戏，否则就要关她的禁闭，本次突袭到此基本结束。③

艾泽拉斯网站的全球注册玩家一度超过 1 亿。④ 我们不妨将它称

---

① 曝光一下：我差不多拥有 16 股动视暴雪（Activision Blizzard）的股票，《魔兽世界》就是它的明星产品。早在学校时我就买下了这些股票。我为《星际争霸 2》的推出感到兴奋。至于我玩《星际争霸 2》的水平，暂时保密。

② 实际上有些细节是我虚构的。但相信各位读者能窥其一斑，知其全豹。恶魔海德斯的确很善变。

③ 没玩过《魔兽世界》？各位的感觉我能理解，一定就像我听别人谈论大学足球队时的感觉一样。

④ 动视暴雪在 2014 年发布公告，称其注册玩家已达到 1 亿，产生的游戏角色人数超过 5 亿。

为世界第十四大国——超过了德国、英国和埃及。但它的成员却是来自全球各地。在外界眼中，沉迷游戏的可能都是些身居肮脏陋室的无业游民，但《魔兽世界》的玩家却打破了这种偏见。他们当中有医生，有酒吧侍应，还有达美航空公司的飞行员——形形色色的人。

邦尼·纳迪是加州大学的一位人类学教授，她在游戏中参与了进攻毒蛇神殿的任务。她当时正在对网络游戏文化开展一项人种志研究，之所以亲自加入，是希望以局内人的视角对游戏过程中的合作现象做一番了解。

"《魔兽世界》有很多非常吸引人的地方，其中之一就是，它将不同社会阶层的人连接在了一起。"纳迪在她所著的《我当暗夜精灵牧师的生活》一书中写道。作为一个人类学家，纳迪的工作就是对世界各地的文化展开调研，而且她希望在团体成员的行为方式中寻找到一种普遍模式。游历四方的路途中，她个人已经证明了心理学家的结论，那就是，人类的默认行为方式就是选择与相似的人合作，而远离相异于自己的人。"我在巴布亚新几内亚和西萨摩亚寻访的过程中，"她说，"当地人明显觉得我是个身份不明的外来者。"

但网络游戏却不同。在《魔兽世界》中，没有人关心她的身份，也没有人去评判她的身份。"在这里，我就是一个玩家。"她说。

在《魔兽世界》营造的天地中，大家不会对彼此心生恐惧。这是一个"神奇的圈子"，玩家们在此，就像荷兰历史学家约翰·赫伊津哈所言，"暂时离开了真实生活，进入一个以任务为核心的领域"，这让人们把日常生活中的焦虑以及由此而来的压力全部抛在了脑后。

约翰·赫伊津哈在他1938年出版的经典著作《游戏人》一书中，首次提到了游戏对于人类思维的影响。根据赫伊津哈以及后来一些行为科学家的观点，游戏——不论是《魔兽世界》还是其他什么，抑或简单地闹着玩儿——会让我们产生一种为之着迷的感觉，我们会因此而放下自己的社会地位，忘记自己是谁，尽情从中感受愉悦。它是让我们逃离现实、忘记危险、放下恐惧的一个避难所。

神经科学家也在近期证明，游戏和大笑能够减缓脑部的紧张与恐惧。但，如何减缓？

那还用说，就是给老鼠挠痒痒。

* * *

长这么大，我还从来没有把"老鼠"和"挠痒痒"这两个词联系在同一个场景中。但是，西北大学的杰弗里·伯格多夫打开了我的眼界。他是全世界研究"给老鼠挠痒痒"的顶尖专家（我敢说在当时，他也是这个领域唯一的专家）。在实验中，他与他的团队专门通过挠痒痒去逗笑老鼠。

我向伯格多夫提出的第一个问题，恐怕也是大家最想问的问题，是："为什么？"

伯格多夫的回答是，这不是些普通老鼠。

"这些老鼠抑郁了。"

没错。

抑郁，从专业角度来讲，就是一个人在心理上已经"放弃了"，伯格多夫解释道。抑郁出现时，你很难和外部世界发生关联——不想起床，对一切都提不起兴趣。你会看不到那扇敞开着的、有可能带你通往美好明天的大门，你会用一种类似于恐惧的冷漠心态把自己封闭起来。

但是，伯格多夫发现，当他们成功逗笑老鼠时，老鼠大脑中会释放出一种化学物质，这种物质能"快速而稳定地引发抗抑郁反应"。发笑和玩闹可以暂时让一只老鼠从抑郁状态中振作起来。通过这种方式，它对于自己大脑中预见到的未来变得不那么麻木。重复多次之后，研究人员发现，老鼠大脑中的神经重塑机制搭建了一个新的通道，这个通道能够帮助老鼠面对未来向前看。

让我表述得再清晰一些：慢性抑郁症是一种表面看不出明显迹象的疾病。全世界数以百万计的人正在饱受它的折磨。大笑只能起到片刻的缓解作用。伯格多夫的研究之所以出彩，是因为他证明了游戏玩乐能够让大脑变得强大。换句话说，他的结论与赫伊津哈的研究所设涉及的脑科学不谋而合：大笑和游戏能够帮助我们的大脑"终结紧张"。

大家听明白了吗？

当我们的大脑感知到某个可怕的东西时，它会拉响警报。杏仁核会活跃起来。这些可怕的东西有可能是一辆失控的货车，也有可能是一个看起来相异于我们的人。

当我们意识到这个东西并不会伤害我们时，紧张感就会一泻千里。我们会如释重负地呼出一口气，然后笑一笑，继续。

比如说，偶遇棕熊会让你魂飞魄散（对此我有切肤之痛）。但当你发现那不是熊，而是你的朋友、游戏理论家布莱恩·萨顿·史密斯博士——他脱了衬衫，那此刻就是一种良性遭遇，它会让你释然而笑。杏仁核重归宁静，下丘脑控制住了肾上腺素的飙升。一切回归正常。

游戏对我们产生的影响也大抵如此。正如萨顿所言，"我们其实是通过游戏在对抗焦虑"。玩游戏时，大脑中的杏仁核会让我们兴奋不安，"但肾上腺素并不会大剂量上升，因为大脑前庭成功地遏制住了下丘脑的自反现象。"萨顿说。

也就是说，游戏能让我们对原本令我们害怕的东西不再感到恐惧。比如那些外团体成员。

纽约大学一位名叫杰伊·凡·巴维尔的教授通过实验证明了这一点。在实验中，他将一组白人的照片和一组黑人的照片轮番展示给被试。与此同时，他对被试的大脑进行了监测。结果并不出人意料。看到黑人的照片时，白人被试大脑中的杏仁核开始活跃起来；同样，看到白人的照片时，黑人被试大脑中的杏仁核也不安分起来。当遭遇不同种族的人时，人们往往会出现紧张情绪，这一现象已经得到神经科学研究的广泛验证。

但接下来发生的事却很有意思。

研究人员告诉被试，他们得和刚才在照片中看到的那些人一起玩游戏。

当被试再次看着照片中即将与他们共玩游戏的同伴的脸时，尽管流露出了不同的表情，但他们大脑中的杏仁核已经稳定了下来。

事实证明，此类情形在自然界的动物身上极其普遍。科学家发现，狐猴会和与自己无亲缘关系的其他狐猴通过玩耍来克服"仇外"心理。[1] 大猩猩会像小孩子一样通过玩捉迷藏来缓解紧张的局面。

正是出于同样的原因，数百万玩家才会在《魔兽世界》中降妖伏魔。

纳迪指出，参与《魔兽世界》的军人玩家数量极其庞大，这倒并不是因为当兵的更喜欢战争游戏。[2] 她认为，这些军人玩家是在通过游戏来缓解真实对战时的那份紧张感。"玩游戏就是一种逃避方式。"一位美国大兵在艾泽拉斯网站由纳迪发起的一项调查中这样说道。他觉得游戏能帮助他战胜恐惧。

帮助一个人摆脱外部压力，这并不是游戏带来的唯一好处。《哈佛商业评论》曾在2008年刊载一篇文章，其内容证明了我们的观点。文章指出，《魔兽世界》之类的网络游戏能够让玩家超越社会地位的差异，成为更好的合作者。不仅如此，它还能"逐步减轻人们对群体冲突的反感心理"。

---

[1] 重要通知：狐猴惯以聚团成伙的方式出没。

[2] 也不是因为美军有着通过视频游戏来招募军人的传统。至少在本文中，这不是主要因素。

事实证明，玩游戏有助于减轻在发生认知摩擦时的恐慌情绪。

* * *

在哈宾格和他的同事们眼中，"魅力艺术"公司帮助学员们克服社交恐惧症的诀窍是"接触"。但在整个治疗过程中，最关键的因素其实是"玩游戏"。没错，当着摄像机的面去和苏珊娜搭讪的确让人紧张，但论其本质这就是一种"游戏"。"游戏"使得这种搭讪变得容易起来。在酒吧举杯共庆？那也是一个游戏。即兴喜剧更是一场不会落幕的游戏。

以"游戏"的心态来重新定位，你会发现让你倍感压力的社交活动不过是一种社交练习，就好像小狮子通过玩耍——吹口哨——来练习捕猎一样。[①] 对学员而言，这样的游戏会让原本令他们退避三舍的情境变得更容易应对。社交场合与生俱来的压力曾经将羞怯的他们逼入角落，而这种游戏却能让他们找回轻松自在。

也正是在游戏的推动下，卡罗尔·瓦隆那新近喜结连理的两家公司成功打破了组织沉默。

---

① 我恐怕这也是——并非巧合——"魅力艺术"公司的培训师们在教授学员搭讪技巧时传授的一种经验。在完成杂志专栏文章的过程中，我了解到，那些自诩为搭讪高手的圆滑男子中，大部分人在刚开始约会时都缺乏自信，不敢表白。是肮脏的所谓"搭讪社团"把约会变成游戏，从而帮助这些人克服了被动心态。写作本书时，有关"搭讪"这一主题的最畅销图书的名字恰好就是《游戏》。

5

有句老话说得好："一起玩游戏，哪怕只有一个小时，也比一起聊上一年的天更能让你了解一个人。"

卡罗尔·瓦隆耗不起一年的时间。她手下的程序员和大学教授们已经开始磨刀霍霍，随时准备着分道扬镳或是刀兵相见。她很清楚，自己得做点什么了。

在温哥华举行的新公司首次例会上，她画着浓妆，披着羽毛长巾，脚蹬 6 英寸（15.24 厘米）的超高跟鞋，身穿双色百褶裙登台讲了话。

她以库伊拉（迪士尼动画片《101 忠狗》中的角色，是个捣蛋鬼）的身份向新公司及其用户发表了讲话，在戏谑的口吻中，她宣布要毁灭旧公司的一切。这等于是表达了她对所有人忧虑之情的体谅，只不过气氛相当轻松。她说："那一次，我打破了坚冰。"

打破坚冰。打破沉默。通过一次小小的角色扮演，瓦隆为紧张的局面植入了温和的基因。她的滑稽模仿让员工放下了戒备，过去只敢私下小声说的事情，他们如今终于能大大方方地说出来。

而库伊拉仅仅是首秀。瓦隆开始着手打造一个将游戏贯穿始终的工作环境。她将不同部门的员工交叉调整，在公司实行轮岗制，每个团队不仅要一起完成项目（将她"投射"给每个团队的认知多样性发挥到极致），而且还要一起完成永无终点的团队游戏和竞赛项目。

在公司推出新产品或是打造特色服务时，各个团队会为之争相起最有意思的名字。他们会用不亚于申办奥运会的努力来确定下一次公司聚会的主题。当员工因病休假时，他们会恶作剧般地给对方办公室重新刷上涂料。每一次公司例会上，员工都会带着夸张的造型而来。他们会给彼此颁发一些好笑的奖项，假如有谁在工作中业绩突出，那他/她的同事会颁给他/她一桶附有滑稽奖状的椒盐卷饼，然后发表获奖感言。

有些游戏环节也有实际意义，但关键是要好玩儿。"有一项比赛的规则是，哪个队能以更节约成本、更体现协作效能的方式完成任务，哪个队就算赢。"瓦隆说。有个团队发现，在集体外出时，比起入住酒店，租赁公寓房的成本更要低。因此他们赢了。

新的 WebCT 公司是一个洋溢着快乐的公司，是夸张造型和搞笑桥段的安居之所。它与戴姆勒-克莱斯勒合并之后的那种可怕沉默形成了鲜明的对比。游戏营造了一个"神奇的圈子"，使得 WebCT 的员工们能够无畏地面对屋子里形形色色的对象。游戏让他们觉得自己都是"内团体"中的一分子。

"游戏是组织结构中的一部分，"瓦隆说，"它消除了焦虑，化解了恐惧，驱散了忧愁。"

当我们迈步走进游戏中"神奇的圈子"时，真实世界中的紧张感被丢弃在脑后。而游戏，事实证明，并不仅仅是暂时地缓解了恐惧。随着时间的推进，游戏会帮助团队成员战胜恐惧。比萨小组研究成员丹尼拉·安东尼斯、伊万·诺齐娅以及伊莎贝塔·帕拉契指出，玩游戏"能够直接降低情感抑制，减少外部攻击，从而促进社交融合"。

当我们迈步走出"神奇的圈子"重归真实世界时，我们曾与之搭档过的玩伴们依然会被大脑中的杏仁核定义为"安全"类别。当我们走向更衣室，或是退出游戏界面，或者结束一次自信心提升训练时，我们依然会把彼此看作是"内团体"中的伙伴。

而这也正是布宜诺斯艾利斯的犹太移民开始踢足球时发生的一幕。

6

在进入阿根廷的头几十年里，足球一直是精英人士的专属，富有的土地所有者会在修葺整齐的私家足球场上踢球。

但是在贫民区，没有人踢球——至少在一开始。

到了 1920 年，布宜诺斯艾利斯的人口逼近 200 万。港口居民中有一半是移民，有 1/4 是出生在阿根廷的移民的后代。

来自西欧各国的移民很快就形成了小圈子——包括意大利人、德国人、法国人、西班牙人、英国人，甚至还有斯堪的纳维亚人。这些人在外表和宗教信仰上都有足够多的相似性，因而也构成了一个政治上野心勃勃的少数派。阿根廷的统治阶层担心本国国民的民族身份受威胁。还有什么是专属于阿根廷的？随着布宜诺斯艾利斯人口规模的不断壮大，这个问题越来越难以用"南美牧人"的概念来回答。

在此期间，足球从私家庭院走向了街头巷尾。很快，它就成了工人阶层最喜爱的运动。孩子们开始在人行道上练起了足球。足球俱乐部应运而生。移民和非移民突然发现他们在同一条街道或是同一个操场相遇了。对足球的热爱将他们联结在了一起。

"在足球的作用下，一种以工人阶级为代表的民族身份被逐步建立起来。"大卫·戈德·布拉特在他长达900页的鸿篇巨制《足球是圆的》一书中这样写道，"阿根廷球员以及阿根廷足球的风格为'男性气概'一词赋予了全新的内涵，他们成了这个国家的标志。"

久负盛名的"南美牧人"就这样被"足球达人"取代了。"足球达人"通常是个出生在贫民区的街头小子，凭着机巧圆滑和坚定意志混出了名堂。他无须在马背上猎守四方，只需在球场上运筹帷幄。他象征着新的阿根廷梦想：从不名一文的穷小子奋斗成富甲一方的足球天王。[1]

犹太移民缺乏"南美牧人"的气质，那他们是否具备"足球达人"的潜质？在19世纪末20世纪初，生活在布宜诺斯艾利斯的犹太裔欧洲人约有12万，他们普遍被看成是"外来者"，其着装方式、说

---

[1] 最具代表性的"足球达人"莫过于传奇式球星蒂亚戈·马拉多纳。孩童时期的马拉多纳曾不慎掉入过化粪池。在日后回忆这段往事时，他表示那种令人作呕的感觉也是推动他不断向前的原动力。他和罗伯特·迪格斯一样，都曾身陷一池污水，同样凭借勇气改变了自己的命运。

话方式，以及宗教信仰都有别于其他移民群体。他们的生活空间主要局限在划拨给犹太人的贫民区里，极少有人把他们看作阿根廷人。

但是，随着足球运动的日益风靡，犹太小孩也开始踢球——有时和自己人踢，有时和外团体的人踢。这种爱好一直延续着，直至他们长大成人。截至20世纪20年代末，足球已经成为阿根廷犹太移民中最受欢迎的一项运动。踢球场地就在那些公共操场上。他们如今终于有了一个可供闲聊的安全话题。当地报纸也将足球描述成了一种"港口居民的象征"。就这样，踢足球的犹太移民终于成了"港口居民"。

特拉维夫大学的拉阿南·瑞恩教授分析指出，加入某个足球俱乐部，成了犹太移民"变成"阿根廷人的一个重要途径。他写道："足球是建构全新社会身份的一种手段。"①

当然，阿根廷的犹太移民并没有放弃原有的信仰，但他们接受了阿根廷人的非官方宗教信仰，并且会与他们一同为全能的主祷告。这使得不同信仰及习俗之间的差距逐渐被淡化。大众对犹太人的态度也逐步趋于平和，不再像过去那样如临大敌了。

就这样，阿根廷的犹太移民变成了"内团体"中的一分子。

巴纳德学院的历史学家约瑟·莫耶指出："布宜诺斯艾利斯的犹太人定居点被解除隔离的速度之快、力度之大是其他城市无法比拟的。"仅用了几年的工夫，阿根廷的犹太人就不再因安全感而只和自

---

① 见《足球，犹太人，阿根廷的兴起》。

己人抱团生活了，他们很快就分散定居在了城市的各个角落。

布宜诺斯艾利斯仅是个案吗？别忘了，它并不是西半球上唯一一个推广足球运动的城市。足球当时风靡拉丁美洲各地，包括圣保罗、圣地亚哥、墨西哥城——同样是些移民人口众多的城市。在上述地区，足球的确也在不同文化群体之间起到了消除紧张的作用，但是，在历史学家看来，这种作用在布宜诺斯艾利斯表现得最为典型，港口居民们因为足球而放下恐惧的速度要更快些。

为什么会有这样的差异？

推动社会变革的因素是多样而复杂的。可即便如此，有一个因素毋庸置疑：在布宜诺斯艾利斯，参与踢球的人数要远高于其他城市。布宜诺斯艾利斯骄傲地自诩为全世界对足球俱乐部投入最大的城市，也是踢球人数比例最高的城市。[1]

安东尼斯、诺齐娅、帕拉契等人解释道："一个在社会生活中融入了游戏（不管是专业的还是业余的）的国家或地区，会表现出一种流动性更强、民主性更高的特质，对于外来者也更容易保持开放接纳的心态。"游戏有助于打破社会阶层之间的壁垒，消除人与人之间的紧张状态，使人们不会因紧张而缄默不语或是言语不当。就算有些游戏要分出输赢，但只要不违背游戏精神，只要不偏离到意欲毁灭另一个民族的错误轨道上去，那它就能够起到促进友爱的作用。和其他同类城市比起来，布宜诺斯艾利斯在这方面的表现要更突出。

---

[1] 不管时局如何，足球运动从未在这个国家中断过。1978 年，阿根廷主办世界杯，并且首度登上了世界杯的冠军宝座。与此同时，阿根廷政府正在严审一批政治犯。

足球游戏使阿根廷进入了一个良性循环。踢球的人越多，彼此间的隔阂就越少，这又进一步促使更多的人参与进来，使偏见进一步减少。牛津大学教授迈尔斯·惠斯登在他的系列研究中发现，在城市社区中，"民族融合程度越高的地方，种族偏见的程度就会越低"。20 世纪上半叶，布宜诺斯艾利斯的民族隔离与种族隔离程度要低于巴西、智利或是墨西哥等国的首都，足球在此功不可没。

　　人们能一起玩耍踢球，所以才能相安无事地生活在同一片天空下。

　　当然，游戏并非灵丹妙药，无法将偏见消除得一干二净。① 和其他地方一样，尽管有足球，但仇外情绪并没有远离阿根廷。② 虽然如此，在对待外来者的问题上，现代阿根廷还是表现出了极高的宽容性和包容度，堪居世界前列。

　　至于阿根廷的犹太人口，据多数估计，已经超过 20 万。在本书创作过程中，阿根廷的犹太人口已经和以色列港口城市海法持平。③

---

① 对于拉丁美洲和世界各地某些球迷身上存在的痼疾——种族歧视、同性恋歧视以及足球流氓的做派，我极为敏感也极其厌恶。举例来说，有球迷认为，啦啦队在球场上表达对同性恋的厌恶，其实这只是一种足球传统，并没有影射现实之意。真是胆小鬼的说辞。有人认为足球场这个神奇的圈子已经被偏执和愚见彻底清除，对此我不敢苟同。希望我们不要让几个害群之马玷污了这个"神奇的圈子"。无论是在球场上，还是在球场外，爱与恨都不会消失。

② 社会标签生来具有不确定性。但在今天的话语体系中，人们可能会说阿根廷更多表现出的是一种"民族多样性"，而非"种族多样性"。事实上，这个国家之所以黑人人口占比极低，在一定程度上与总统巴托洛米推行的种族主义政策有关。1865 年巴拉圭战役爆发后，巴托洛米把大批黑人男性派上前线当了炮灰。

③ 一个有趣的现象：1960 年，阿根廷的犹太人口超过了以色列。

＊ ＊ ＊

2014年，天主教教皇弗朗西斯一世在世界几大主要宗教的信徒中发起了一场足球比赛。他们当中有犹太教徒、基督徒、佛教徒，还有笃信印度教和伊斯兰教的教徒。教皇想让他们相互间一争高低。

为什么？

为了慈善。要知道，弗朗西斯教皇是阿根廷人。他热爱足球，一心希望世界各地主流宗教的信徒们都能大力支持足球，希望通过他们的经济援助进一步推动足球事业的发展。在从小到大的成长过程中，他曾亲眼见证过足球对于促进人们和谐相处所发挥的积极影响。

"今晚的比赛将会……让我们思考足球以及体育对于普世价值观的影响——比如忠诚、分享、接纳、对话，以及彼此间的信任。"教皇说，"这涉及人与人的紧密联结，与种族、文化、宗教信仰皆无关系。"①

谈到攻击性，还记得"武当派"吗？ 9个曾经浪迹街头热情奔放

---

① 历史上最早的和平协议也是借助游戏而签订的。当伯罗奔尼撒半岛上的交战方首领打算停战时，他们让双方人民和平地坐在一起，通过一系列游戏解决了争端。时至今日，这些游戏依然有着巨大的影响力，那就是奥运会。在体育游戏中，奥运会也许拥有最悠久的可考历史，但实际上，早在公元前7世纪，不同社团之间就已开始通过体育游戏来彼此交好。很多考古学家还认为，法国拉斯科洞窟里的壁画描绘的正是人们在举办节日盛会时进行的短跑和摔跤比赛，而那应该发生在17 000年以前。至少从石器时代开始，各种形式的体育活动就已经在城邦之间、社区之间以及学校之间扮演起纽带的角色。

的好汉一开始并没有把自己看成是同一个集体的成员。当罗伯特·迪格斯让他们展开一次说唱对决时，他看出了这些人的实力——既拥有足够多的创造力，也拥有足够强的破坏力。细想起来，迪格斯推行的这种内部竞争其实就是一种游戏。这种游戏让原本互为对手的瑞空和鬼脸煞星组成了搭档。奇迹在圈子内发生了。"武当派"排除万难，终于成就了自己。

再来回想一下以消除恐惧为目的的即兴喜剧——正是它，让"魅力艺术"公司那些精通电脑的客户找到了自信。在参与滑稽表演的过程中，羞涩的男子们平生头一次将陌生人接纳为自己人，而不是将他们看作令人生畏的外来者。

在《魔兽世界》的战队中，纳迪博士及其队友都认为自己是和浑身发着蓝绿色幽光的水怪在作战。但其实，他们是在进行跨阶层、跨地域的合作。这在（比如说）联合国大会上是鲜有的现象。没有人需要签订协议。通过与不同的人一起玩游戏，战队成员之间的差异被自然而然地弥合了。

当阿根廷人开始一起踢足球，曾经令他们生畏的差异不再让他们感到不自在。当阿根廷国家足球队开始崭露头角，当蒂亚戈·马拉多纳这样的球员变得举世闻名时，足球在阿根廷成了不同民族间进行对话的由头，无论这些民族外表看起来是多么不同。

大家可能还记得我们的老朋友山下吉斯先生的那句口头禅——"水滴穿石"。我们所讲述的每一则故事都是在验证他的这一观点。瓦隆借助无数个小技巧稳住了一个动荡不安的团队。她营造的工作环境使得员工能够通过无数次凝心聚力的片刻共同打造一个"神奇的圈子",借助这个圈子,他们变成了一支了不起的团队。在"魅力艺术"公司,当数百个积极而有趣的社交互动形成合力时,电脑高手们的社交技能终于有了改善,而且,据他们所言,不仅是在男女交往方面有所改善,而且在日常工作、人际关系以及合作共事方面都有所提升。在布宜诺斯艾利斯,当人们在足球场上相遇过成千上万次之后,他们也通过足球找到了彼此间的共性。

在上述例子中,原本不可能友好相处的群体最终却都在"可行区间"内取得了最大的进步。

当然,要想打造出一支创新团队,仅靠战胜恐惧、营造稳定而和谐的团队氛围是远远不够的。

事实上,导致一支队伍无法发挥最大潜能的,有时并不是队员对于矛盾的极端恐惧,也不是队员之间的不协调状况,而是一切都进展得太过顺利。

或者我们姑且这样认为。

第四章

善意的惹事精
异己分子唤醒团队潜能

"那些需求独特的少数群体对于事物

往往有着更丰富的感受。"

1

1887 年 10 月的一个夜晚，在纽约市第二大街 84 号的门前，一位中等个头、行为诡异的女子按响了门铃。她叫内莉，肤色浅黑，两眼又圆又大。

她的衣着倒也时尚，只不过有些旧。一条法兰绒的灰色长裙，一副棕色的丝质手套。头上是一顶草编水手帽，脸上还蒙着一层灰色的面纱。她声音低沉，口音也很奇怪，整个人显得有些心不在焉。

她按响门铃的这处居所是一栋四层高的楼房，是艾琳·斯坦纳德夫人专为女性设立的临时居住点。工薪阶层的妇女只需花上 30 美分，就能在此安稳过一夜。

侍应给内莉安排好了床铺，备好了晚餐。但是，晚餐将尽时，问题来了。

这个叫内莉的女子——19 岁，体重 112 磅（约 55.3 公斤）——

好像受过惊吓。据当晚在场的其他妇女反映，她"慌里慌张，疯疯癫癫"。她的自我介绍很奇怪。当被问起个人经历时，她说自己姓布朗，从美国南部来。但随后她又说自己姓莫雷诺，来自古巴。她说自己在来的路上把行李弄丢了，她害怕外面的杀手，害怕外面那些总是忙个不停的人。接着，她双眼呆呆地望着远处，开始喃喃自语起来。

然后，内莉问房子里的那些妇女是不是都疯了。种种迹象让她们断定，内莉是个危险分子。"我不敢和这个疯子待在一间屋子里。"有人说。

又有人说："天不亮她就会杀死我们所有人。"

那个晚上，内莉盯着窗台上爬过的虫子，整夜没有合眼。而其他人打电话叫来了警察。

两个法官模样的人和三个医生相继来过，之后内莉被送进了贝尔维尤医院。在接受检查后，她有可能被送去精神病院。

又是一个不眠之夜。内莉听到了护士们的谈话，她们在聊内莉和另一个女人。到了早上，医生问她昨夜是否听到过声音。

"听到过，很多声音在响，吵得我睡不着。"她老老实实地答道。

"我想也是。"

医生断定内莉是"精神错乱"。她被送到渡口，上了船，来到了她的新家。

"这是哪儿？"内莉下船后问那个护送她的人。

"布莱克威尔岛，精神病患者之家。到这儿，你就别想再出去了。"

2

内莉被送往精神病院的那一年，巴勃罗·毕加索刚刚 6 岁。时隔几年，他的精神状况也开始出问题了。

20 岁时，他的抑郁症已经非常严重。其后几年里，他的所有画作都在表现一种悲伤和忧思，所有画作都被一片阴郁的蓝色所笼罩。

最终，毕加索战胜了抑郁症，成了西班牙——很快也成了全世界——最著名的画家。但年届 60 岁时，他的情绪又一次陷入了悲观忧郁的泥沼。

这使得他每天早晨都会重复上演奇怪的戏码。当时陪伴在毕加索身边的，是比他小 40 岁的情人弗朗索瓦丝·吉洛。吉洛在回忆录里说"他总是带着沉重的悲观心理醒过来"，他会躺在床上抱怨。接着，无一例外，以下这些情节会逐一展开：

女服务员给他端来咖啡和烤面包。毕加索依然躺在床上，抱怨着。"为什么要起床？为什么要画画儿？"他痛苦不堪。觉得自己病了，觉得生活的重压让他难以承受。他会盖着被子继续躺上至少一个小时，而吉洛就在一旁恳求着，希望他起床去作画。

"你没有病，"她会安慰他，"你的朋友们都爱你。你的作品举世无双，大家都这么说。"

过了良久，毕加索才会答一句："嗯，也许你是对的……但，你确定吗？"

她信誓旦旦地保证自己确定无疑。终于，在又一番小小的抱怨之后，毕加索会挣扎着起身，然后去作画，直至日落西山。

而到了第二天早上，相同的一幕会再次上演。

与吉洛共同生活的 10 年间，毕加索进入了创作的高产期，作品的数量超过了此前和此后的任何一个 10 年。他的"阿尔及尔女人"系列画作就是在此期间完成的，其中最后一幅在 2015 年的拍卖会上还创下了世界纪录，拍出了 1.79 亿美元的高价。

我们有理由认为，假如吉洛当年没有费心尽力地哄他起床，那毕加索是否能有这番成就就未可知了。

这个故事教会我们的，并不是如何把一个情绪抑郁的艺术家叫起床去刷牙那么简单。很多时候，我们具备完成重大任务所需的一切要素，但就像赖床的毕加索一样，迟迟不能采取行动。

这也正是团队中缺乏认知摩擦时会出现的情况。团队成员拥有开展合作所需的各种技能和视角，但它们却没有被好好利用。

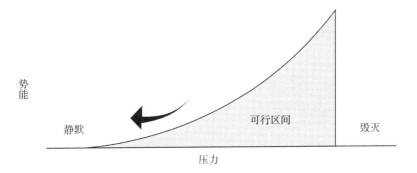

论及团体动力时，情绪上的抑郁低落往往不是令我们陷入静默状态的直接根源。有点儿讽刺意味的是，罪魁祸首常常是先前的成就。

我们凭借某一套经验法则取得成功的次数越多，大脑就越会在这一点上表现得不够变通。用心理学家的话说，这叫"认知固化"。

当人们长期用同样的方式从事同一种工作时，"认知固化"就会出现，尤其是当那些方式行之有效时。研究表明，人们在长期共事之后，工作方式会越来越相似。刚开始每个人各有各的特点，但随着共处时间的增多，人们在说话、办事甚至穿衣风格上开始慢慢趋同。再过一段时间，人们的视角开始交汇相融。人们会学习并且模仿别人的视角。久而久之，人们很容易形成一套相同的思维模式。商界人士通常称之为"最佳选择"，但心理学家不失准确地给它取了名字，叫"群体思维"。正如我们所知道的，"群体思维"会消除认知摩擦。在前文讨论"山岭问题"时我们曾说过，当找寻到自己心目中的最高峰时，人们就会停下来不再前进。

莱斯大学埃里克·戴恩教授在研究中对此做了总结："认知固化会制约专家的能力，会妨碍他找寻到问题的最佳解决办法，会影响他适应新环境，会使他难以在自己的领域中提出富有创造力的想法。"

也就是说，我们之所以会停留在某一个山岭上不再前进，是因为我们一开始就被自身的专家视角和经验法则困住了。

在此类情况下，就像毕加索的故事所暗指的，导致我们发挥不出创新团队最大潜能的，是我们缺少一个能从旁推大家一把的队友。

3

抵达布莱克威尔岛的头一晚，内莉浑身抖得停不下来。

每样东西都是冷冰冰的。同住的病友们站在走廊上，身体因寒冷的空气而打着摆子。内莉提出想要一件睡袍，但护士告诉她："别想这种美事，你不配。"她被护士丢进冰冷的浴池，被大力地搓洗身体。接着，又被赶去打扫员工们的宿舍。

这家精神病院早在1839年就已建成，隔壁是历史还要更久远一些的监狱。这是纽约市首家由市政负责管理的精神病院，是为给患有精神疾病的人提供一席之地和全天候护理——同时也为把他们与世隔绝——而设的场所。

在内莉被送往此地时，整个国家的精神病患者人数已达 15 万。在纽约，这样的精神病院还有好几家。

政府有理由将精神失常的人关起来，不让他们在社会上游荡。无家可归的乞丐和穷人也常常会被抓进来，即便他们什么坏事也没干。更糟的是，女人们若是"不守规矩"，或是胆敢顶撞，那她们的丈夫或是兄长就有权把她们送进精神病院，把她们和那些疯子关在一起。

像布莱克威尔这样的精神病院大多资金匮乏，人员配备不足。但是纽约市长艾布拉姆·休伊特却极少关注这些问题——想都懒得想。他在意的，是税制改革，是城市地铁系统的规划和发展。

因此，在过去的 50 年间，所有精神病院都是自生自灭。而纽约人也乐得如此。有布莱克威尔岛这样的地方去收容那些不受他们待见的邻居，这让他们觉得，就像老话说的，眼不见心不烦。

但是，在长达几十年无人过问的状态中，精神病院及其患者的状况没有任何改善。政府只想一劳永逸地将这些人安置在这里。他们的生活标准始终很低，从来没有提高过。他们的生存空间就像是监狱——没有药物来缓解病痛，也没有人提供帮助。这就是一个被遗忘的世界。

当内莉在那个晚上出现在斯坦纳德夫人提供的居住点时，她显得心神不宁，精神恍惚。但是，她并没有做任何算得上危险的事。然而，她的古怪、她的疑神疑鬼，却让每一个在场女士的大脑接收到了危险的信号。而她有违常规的说话方式和思维方式也让前来调查的警员产生了困惑。所以她被带走了。

他们对内莉的判断一定是出了些偏差。但是，岛上精神病院的医护人员并不这么想。

4

G 集团[①]的高管们被惊得目瞪口呆。

他们会合的地方位于伦敦市中心，是一个宽敞的开放式大理石砌成的大厅。这里是 Sense Worldwide 咨询公司的所在地。该公司接受了 G 集团的委托，要帮它的一个岌岌可危的产品打开市场。

这个产品叫"水泡贴"，是一种通过药物缓释方式来治疗水泡的贴片。产品自 20 世纪 80 年代问世以来，销量一度不错，但几年后就进入了停滞期。G 集团是医药商品生产领域的巨头，世界各地的大型药店中都能见到它的产品。但是，在水泡贴的问题上，他们不知道该如何把销量重新提上去。公司陷入了静默区，就好像懒散躺在床上起不了身的毕加索。

不过，和毕加索不同的是，G 集团曾经做出过起身的努力。他们也曾四处征求意见，但就是想不出现有的水泡贴究竟哪里不好，也找不出任何办法来吸引用户。

---

① 出于保护对方隐私的需要，作者对公司名称做了匿名处理。

戴恩博士在关于"认知固化"的研究中清楚地描述过此类现象。当我们已经掌握某种长期以来行之有效的方法时，通常很难再看到其他的选择。"解决问题时，人们会执着于某种特定的方式方法，但这种方法并不一定真的好。"他说。

正因如此，G集团才委托 Sense Worldwide 来解决这个问题。该公司的负责人叫布莱恩·米勒，是个英国人。他既是作家，也是游戏设计师，擅长为企业和公司提供咨询建议，帮它们寻找最优方案，也可以说，帮它们寻找最高的那座山岭。

在做完情况分析后，米勒邀请G集团的管理人员前往他的公司，就水泡贴一事和焦点小组聊一聊。他们完全没想到，米勒的安排让他们大吃一惊。

焦点小组的构成方式通常是从商场人群中随机抽取不同类别的成员，这也是G集团一直以来的常规做法。但是这一次，鱼贯而入走进 Sense Worldwide 办公区的，却是一群美女。她们披着长发，化着浓妆，还做了精致的美甲，手中拿着的不是购物袋，而是一些尖头皮靴和高跟鞋。

她们是一群以施虐为职业的女人。

女士们就座后，G集团的高管们摇头表示遗憾。这不是他们公司的目标客户。当他们找到米勒，希望他能为公司出谋划策拓展客户群体时，心中想到的可不是这些以性虐为赚钱方式的女人。全世界所有的女性虐师加在一起，能购买的水泡贴的数量也少得可怜。米勒究竟在要什么花样？

* * *

焦点小组的历史可以追溯到二战期间。当时，心理学家会安排一些人观看军事宣传片，他们则悄悄站在单面玻璃的背后进行观察，以便了解在普通人眼中，片中的哪些信息更具说服力，哪种语言和意象更能影响人。

战争结束后，一类特殊的宣传人员接过了这项工作，他们就是市场营销人员。

各大公司会招募专人去做市场调研，看看哪些产品或服务能够吸引更多的潜在客户。在为研发新产品寻找灵感的过程中，这种基于焦点小组的工作形式很快就开始发挥出越来越重要的作用。当研发人员才思枯竭时，先问问普通用户更需要什么，然后再付诸行动，这难道不是最佳选择吗？

但是，这些焦点小组有一个很大的通病：他们每天都有不一样的想法。这在一定程度上也成了布莱恩·米勒的公司之所以存在的理由。

"大部分普通用户实际上都对自己手头的产品很满意。"米勒对我解释道，"我很喜欢自己那部在90年代末期购买的诺基亚手机。假如你问我，'你觉得需要给这部手机增加什么新功能？'那我会说，'不需要，这部手机很不错'。"

焦点小组本应提出些新想法，但是，在杏仁核的作用下，我们总是会不自觉地排斥这些新想法。任何创意或不同之处都会让我们觉得陌生甚至害怕。研究表明，这种现象在商业领域一直存在。根据宾夕法尼亚大学詹尼弗·穆勒主持的一项研究，提出创造性观点的人往往不被重视，也很少被推选为领导者，原因是"创造性思想往往与不确定性紧密相关"。

米勒说，也正因如此，以下这些东西才会在焦点小组遭受冷遇：个人电脑、果塔饼干、《宋飞正传》（美国喜剧片）、玉米片，还有艾龙办公椅。这些东西一开始并不受他们青睐。不易清理的干酪片和大呼小叫的纽约情景喜剧也是等到人们对其习以为常后，才慢慢被大众所接纳。

艾龙办公椅是个很典型的例子。公司高管们有着使用大号皮椅的传统。而艾龙办公椅则是个另类。它轻便、低调，由带网眼的材质制成。尽管这种椅子更舒适、更灵活、更透气，但焦点小组却不买账。一把看起来笨头笨脑而且还有小破洞的椅子有损总裁们的威仪，与他们的身份格格不入。

因此，艾龙椅是从一些特殊人群那里找到突破口的。"艾龙椅的超级粉丝往往是些身材格外娇小的女士，或是一些体重严重超标的人士，还有一些上了年纪的人。"米勒解释道，"因为这种椅子能让他们非常轻松地坐下去，站起来。它能让你的皮肤呼吸，能高度地契合你的身姿。"通过这些非典型性用户的口碑相传，艾龙椅渐渐地被普通员工所熟悉，它的样子也变得不那么让人难以接受。

就这样，在焦点小组中遭遇滑铁卢的艾龙椅一路披荆斩棘，成了全世界最畅销的办公用椅。

艾龙椅没有得到焦点小组普通人的支持，反而是从少数群体那里获得了认同。事实证明，在论及办公椅的优劣时，大块头和小个子往往比老板们更有发言权。

"那些需求独特的少数群体对于事物往往有着更丰富的感受。"米勒说。他们就好似站在山脚下望向高处的登山者，其独具一格的视角使他们得以看到被浓雾遮挡住的远方。

米勒说，也正是出于这个原因，生产厂家如果想推出效果更好的驱虫剂，那么与其从度假者中选取对象组成焦点小组，倒不如去听听身居木屋陋室的人的真实想法。

"有人曾告诉我，'有时候，我必须得在买食物或是买驱虫剂这二者之间做选择。我的孩子们少吃一顿饭不要紧，但如果因为没用驱虫剂而患上热带传染病，那他们就没命了'。"米勒回忆道，"这些人会很乐意花上三个小时来分享他们的全部想法。他们会告诉你什么样的驱虫剂才是最好的。"这才是焦点小组需要的人。

米勒为 G 集团高管做过介绍之后，给他们每人发了支标记笔。接着，他要求几位高管蹲下身来，用标记笔圈出女士们脚上长水痘的位置。

这个过程让他们很不舒服。但米勒的用意恰在于此。G 集团陷入静默区的时间已经太久了，需要有人来推它一把。

他们需要换一个全新角度来看问题，米勒说。女性虐师们工作时要脚蹬花哨的高跟鞋，双足要被客户们细细赏鉴，谁还能比她们在水泡贴的外形以及触感上更有发言权？

高管们明白了米勒的用心。但令他们吃惊的是，焦点小组的工作还没有结束。一群特战队员鱼贯进入了办公区。米勒说，假如你问，"谁对水泡的关心程度是医药公司管理者的 10 倍？"那答案绝不是"从商场里随机选取的购物者"，而是"每天必须穿着战靴进行 10 英里（约 16 公里）越野跑的人"。

米勒的策略——将特殊人群而非普通人纳入焦点小组——是对认知多样性的一种巧妙利用。如果用山岭问题来解释上述现象，那么女性虐师与特战队员看问题的视角正如下图所示。

上述两类人对于水泡的关注程度远高于一般人，因而在看问题时拥有极为独到的视角。他们能够看见生产商们所忽略的问题，在应对这些问题时，他们总结出了一套经验法则，而这些法则为 G 集团的产品研发人员提供了一条可供借鉴的新思路。

根据水泡的形成原因和持续时间，特战队员们对于水泡类型和严重程度进行了详细的介绍。而女性虐师则表示，她们会修剪水泡贴的大小和形状，以便在贴上后仍然能让双足既美观又舒适。

在此之后，G集团根据女性虐师的建议，生产出了形状各异、厚度不一的水泡贴。同时，依照特战队员的建议，他们根据水泡的存续时长和严重程度研发出了药效药量各不相同的水泡贴。

结果证明，当这些类型丰富的水泡贴被推向市场时，普通用户也蜂拥而至。借助特殊群体的认知多样性，G集团找到了吸引大众用户的突破口。

产品销量重续辉煌。

* * *

关于以上内容，我们需要做一些重要补充。米勒原本可以直接采访女性虐师和特战队员，然后将他们的想法整理完毕后反馈给 G 集团，但他没有这样做，他让集团高管们亲自拿着标记笔弯下腰去找出那些水泡。让他的客户获得第一手资料，是他的焦点小组访谈任务的核心环节。

这是因为，有些时候，仅仅知道哪条路通往山顶是不够的，需要有人将我们推进"可行区间"，将我们从当前的山巅上推下来，让我们陷入要么后退、要么前进的境地。G 集团之所以求助于米勒，部分原因是他们需要这样一个人把他们从舒适的静默区间推醒过来。

5

内莉很快就发现，布莱克威尔岛上的疯人院不仅寒冷彻骨，而且令人作呕。

东西难吃到了极点：生了虫的又黑又硬的面包，过期的黄油，腐烂的西梅，还有一股铜锈味儿的茶水。

护士们的态度粗鲁而生硬。看守人员对病人极尽羞辱之能事，打骂欺凌是家常便饭。在不嚼舌头议论医生的时候，他们会"啐着烟草汁"厉声责骂病人们。

内莉和 6 个女病人被关在一间房里，其中一个喜欢胡言乱语，整夜在房里来回走动，其他几个看起来神志很清醒。

内莉试图告诉医生们她没疯。但她越是这样说，医生们越觉得她有病。

"你们这些医生到这里是来干什么？"她质问过。

"来给病人做检查，看看他们是不是正常。"恼羞成怒的看护者回答道。

"很好，"内莉说，"这个岛上一共有 16 名医生，但是我只见过其中两位。其他人从未给过病人哪怕一分关注。试问，一个医生仅凭对病人说一句早上好，然而却拒绝倾听病人请求获得自由的心声，那他如何能判断这个病人是否神志正常？即便是病人都知道多说无益，因为别人只会认为这个病人是在胡思乱想。"

他们让她闭嘴。

6

加州大学伯克利分校的哈伦·内梅特博士专攻人际影响这一研究领域，尤其擅长的是少数人的观点如何影响其他人。

一般情况下，当人们共商大计时，多数人的观点会占据上风。但是在 20 世纪 70 年代，内梅特开始对一个新的研究领域发生兴趣：少数派会对团体决策产生何种影响，比如决定某个人有罪与否的陪审团。

为了寻找答案，她开展了一连串的实验。在其中一个实验中，她安排几个六人小组共同解决一个类似于迷宫的难题，最终目标是判断在他们所看见的东西中是否包含"隐藏图形"。

结果令人惊讶。组员意见趋于一致的小组时而判断正确，时而判断错误。而始终有少数组员唱反调的那些小组最终做出的判断却往往是正确的。当组内出现不同的声音时，其他人会更审慎地对待面前的问题。

这该让我们想到性别对思维所产生的不同影响了。当团队中有一个视角独特的成员时，其他人会带着更具批判性的眼光来看问题。内梅特博士发现，整件事的微妙之处就在于，那个有不同意见的成员并不一定是靠正确答案才让团队表现优异，他只需稍加反对就能起到很好的效果。

内梅特的实验进一步证明，当少数派表达不同观点时，即至少有一个人对普遍看法表示异议，则团队会更多地"从多个方位"来看问题。相反，当团队内部意见统一时，团队成员往往会寻找一些"足以证明多数人观点无误"的证据。换句话说，当立场一致时，我们更容易看到那些有利于我们的证据；只有当意见不一时，我们才会更愿意去发掘那些被忽视的信息。

"少数人抱有的不同意见，"内梅特写道，"总体来说促进了思考过程。它催生了更正确的决策、更完美的解决方案，以及更出彩的原创想法。"

请注意此处所选择的字眼。持异议者"促进了"思考过程，引发了积极后果。他们撼动了我们的想法，激励我们进行更多思考。他们之于静默团队的作用，就好比游戏之于无序团体的作用——都能将对方推入"可行区间"。

我们不妨称这一过程为"唤醒":

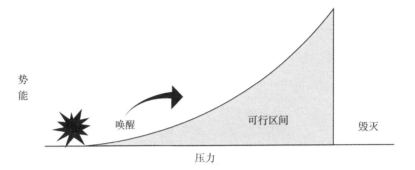

唤醒我们的往往是那些将我们推出静默区的人,比如催促毕加索起床的吉洛、促使 G 集团高管跳出惯性思维去改良产品设计的米勒。无论这些人来自何处——"内团体"也罢,"外团体"也罢,他们都像是一股力,将橡皮筋拉向了两端。

2009 年,某研究小组从大学女生联谊会和兄弟会中招募了部分志愿者。众所周知,女生联谊会和兄弟会最大的特点,就是内部成员在想法和做派上必须保持高度一致。正因如此,在有关内外团体交互关系的实验中,他们堪称最佳被试。而在眼前这个实验中,研究人员想看看,高度一致的小团体会在什么样的情况下摆脱他们的群体思维模式。

首先,大学生们要用 20 分钟的时间去分析一桩谋杀案。紧接着,他们会被分成三人小组,以组为单位来判断谋杀案中的真凶,每一组都是由来自同一女生联谊会或者同一兄弟会的会友组成。20

分钟之后，每一组又新增了一名成员——有的是该组的会友，有的不是。

结果显示，当有外来者加入时，原小组成员会感到不自在，会讨论得更激烈，对讨论结果会变得不自信。但同时，他们做出正确判断的概率却也增加了一倍。

外来者的出现会让整项工作变得棘手，但也正是在这一因素的推动下，团队取得了更好的成绩。

换言之，这些外力推动我们离开了脚下的这座山峰，帮我们摆脱了视野的局限。这个过程有时很艰难，但它往往能让我们看到前方的更高峰。

7

在把内莉送往精神病院之前，贝尔维尤医院的医生们就已断定内莉"是他们所接手的病人中最古怪的一个"。

也许是因为她根本就没疯。

假扮成"内莉"的其实是23岁的伊丽莎白·简·科克伦。她为约瑟夫·普利策的《纽约世界报》工作，是名新闻记者，笔名叫内莉·布莱。

布莱克威尔精神病院条件恶劣，这已是多年来不争的事实。但是，没有人知晓其中的细节。就连市政管理人员也不清楚那里面发生过什么。在那里，没有一个医护人员会兢兢业业地照料病人。

岛上卧底 10 天之后，布莱被普利策救了出来。她依据大量的一手资料，完成并出版了长达 17 章的新闻纪实，这份纪实占据了《纽约世界报》的所有版面。

"布莱克威尔岛上的疯人院就是一个关押活人的鼠洞，"布莱总结道，"进去容易，但若想逃离，则比登天还难。"

疯人院里差不多有 1 600 个女人，根据布莱的曝料，她们当中很多人根本就没疯。有一个女人早先患病掉光了头发，因为外表怪异而被送了进来。另一个女人不会讲英语，只会讲德语，医生因为无法和她交流，所以把她送到这儿。还有一个女人，因为早餐吃坏了肚子而被关进了这里。数以百计的女人仅仅是因为不服家中男人的管教而被送进了疯人院。

护士们缺乏专业知识。（有个护士曾经给病人量出了高达 150 摄氏度的体温！）医生对病人怠慢而轻佻。在内莉·布莱曝光这里之前，几乎没有人对布莱克威尔或是精神病医疗系统给过哪怕一丁点的关注。

在公众眼中，这套系统相当"成功"。

正因如此，布莱的系列报道才在纽约市政厅引起了剧烈的震动。精神病院的残酷现实让政府官员们意识到了资金投入的不足，意识到精神病医疗系统亟待开启全面改革。布莱所做的一切为调查性新闻报道的诞生铺就了道路，同时，她的行动也唤醒了所有人，让他们能够换一种视角来看问题。最终，在大陪审团的听证下，纽约市政府拨款 100 万美元整修布莱克威尔精神病院。时隔不久，一场大规模改革在整个精神病医疗系统展开，改革后的新体制更高效，也更具人文关怀。

当布莱的报道赫然摆在面前时，布莱克威尔的医生们恼羞成怒，但一切都晚了。公众——以及政府——都被唤醒了。无论是否心甘情愿，他们如今都能从一个新的视角来看问题了。对他们而言，眼下唯一正确的做法就是去寻找一个更高的山峰，一个更好的对策。

＊ ＊ ＊

假如由布莱克威尔岛上的精神病院来裁决这件事，那么布莱很可能因为充当卧底曝光他们的恶行而受到惩罚。他们会归咎于她，而不是去思考该从她那里吸取什么教训。幸运的是，政府给布莱这一类以推动社会进步为目的的揭秘者提供了政策上的保护：美国宪法所规定的"出版自由权"。

在美国，新闻出版往往被视作政府的第四个分支机构。立国之初，政府主要由行政机构、司法机构、立法机构三大分支构成，但是《权利法案》第一修正案对于新闻出版受保护的地位给出了明确定义。开国元勋们很清楚，新闻出版将会成为推进民主体制的一支核心力量。

调查性新闻报道的目的，按照今天的话说，就是"让蒙受苦难的人得到安慰，让悠然自得的人感受苦难"。它为我们提供了一种之前不曾有过的视角，让我们得以冲破静默区。这样的"唤醒"固然会让人不舒服，但它也正是美国的共和政体击退腐败、实现进步的过程中重要的一环。这样的进步在很多自由国度中并没有出现过。[①]

美国的立国者们凭借其前瞻性的眼光打造了属于自己的团队。我敢说，任何一支优秀的团队都应该以此为鉴。要取得持续的进步，领导者必须要为敢于提出质疑的人提供保护伞，要为发出召唤之声的人给予支持，要让异己分子有勇气在关键时刻站出来说话。

通过"唤醒"，静默的群体将被推入"可行区间"，群体的潜能将因此被激活。这也就是说，那些唱反调的合作伙伴并不像我们以为的那样，是我们的敌人，相反，他们是最好的盟友。就像内梅特教授所言，"你不仅要学会尊重和容忍异己分子，而且还要'敞开怀抱欢迎'他们"。

我们可以通过以下几种途径来做到这一点。首先，"挑选"那些会迫使我们认真思考问题的团队成员，就像毕加索身边的吉洛，或是俄罗斯五人小组的教练吉洪诺夫。[②] 其次，我们可以邀请视角独到的局外人，让他们来帮我们发现一些我们事后才会发现的问题，就

---

① 普利策新闻奖也会颁给那些激发了社会变革的调查性新闻报道。自布莱之后，更多新闻记者加入了揭露社会阴暗面的大军，他们曝光过水门事件、水中毒事件，还揭露过枪支走私案和窃听门事件。布莱本人也从未停止过努力，她是美国历史上最有影响力的新闻人之一，同时也是女权运动的活跃分子。

② 在我的记者生涯里，扮演这一角色的是个编辑，她的口头禅就是"再出彩一点"或者"再精练一点"。待到我成立公司，这个角色通常就会由我的搭档戴夫来扮演。不论我提出何种建议，他都会无一例外地说一句"我不这么看"或者"为什么？"

像 G 集团聘请的布莱恩·米勒。① 另外，我们还可以将异己分子吸纳到自己的队伍中，并明确告知其义务：及时反映问题，就像美国立国者所设立的出版自由制度一样。②

一旦我们将"唤醒"视作积极有益的行为，那我们对待它的方式也会发生改变。③ 在这个问题上，五角大楼曾在 2016 年做出过表率。尽管五角大楼号称拥有全世界最安全的计算机网络，但它却做出了一件令外界大跌眼镜的事——邀请一群黑客，专门去寻找其安全网络的漏洞。

这些黑客受聘于"黑客一号"公司，他们仅用 13 分钟就找到了第一个安全漏洞。最终，他们共找到 138 个漏洞。

"有人认为黑客都是些危险分子，会不计后果蓄意触犯法律，"国防部特工丽萨·维斯威尔说，"但事实证明，他们能发挥出相当大的积极作用。"五角大楼请来了"破坏者"，却借此构建了更加安全的计算机网络。美国军方也受此启发，聘请"黑客一号"公司的黑客们去做同样的事。"使出你们的看家本领。"陆军部长埃里克·范宁

---

① 写书时，我常常会请那些痛恨书籍的朋友，或是我那些无所不知、精通 Goodreads 阅读网和 IMDB 影视数据库的好友来帮我挑刺儿。经商时，那些坚决不买我们产品的用户和那些认为我们的问题严重到无人能解的地步的用户同等重要，他们的反馈意见都有其价值。

② 我在工作中喜欢定期听取反对派的意见，会让他们指出我的问题，或是去推翻我的观点。这是个自找苦吃的过程，但它很管用。

③ 面对"唤醒"时，务必要鉴别哪些是全盘否定式的批评，比如"我很糟糕"，哪些又是有利于改善现状的批评，比如"我的潜能才刚刚发挥出 1/10"。前者往往失之偏颇，毫无益处。

在初次见面时曾对他们这样说。

具有传奇色彩的民权运动领袖、1963 年华盛顿游行的组织者巴亚德·拉斯廷曾经说过这样一句话："在每一个社区，我们都需要一个善意的破坏者。"他是对的。我们需要那些异己分子，那些敢于表达不同声音的人，那些批评者，那些截然不同的视角，需要他们来帮我们走出静默状态，走进"可行区间"。同时，我们还需要那些能让人们大胆表达、能给人以安全感的领导者。

凡此种种，都可助我们摆脱僵局，实现进步。

但这个观点究竟能够走多远？如果遇到精神异常的人，又该怎么应对？当团队成员中有些人是真疯，或者有些人的想法不合逻辑，那团队从何获益？

事实证明，我马上就要亲眼目睹这一切了。

第五章
黑色方块
看似无用的新思路带来
意想不到的好结果

"帕特里克最好的朋友是他那只机灵而懒惰的狗，

但它有个坏毛病：爱在地毯上撒尿。"

1

马克·提根是佛蒙特州威努斯基市的一名公务员。当美国总统叫停他的工作时，他刚满 32 岁。

那是 1979 年。在小型城镇规划领域，提根算得上少年得志。大学时他主修环境学，是圣何塞州立大学最早一批从事环境研究的专业人才。他热衷于社区项目的建设与开发，并因此赢得了一定的知名度。他还曾在国家级电视节目中上过镜，克朗凯特在新闻中转播了他的一次壮举：掩埋汽车以抗议二氧化碳的排放。目前，他被派来负责威努斯基的城镇规划，以改善这座城市不景气的经济状况。

威努斯基仅有 7 000 人，是一个在地图上难觅其踪的小城市。紧邻着它的，是一河之隔的伯灵顿市。伯灵顿风景优美，面积也不大，因出产本杰瑞（Ben&Jerry's）冰激凌而闻名。与美国其他各州的任何一个城市相比，伯灵顿都算是面积最小的，但在佛蒙特州境内，它却是最大的城市。

甭管怎么说，在提根和他的团队喝醉酒的那晚之前，世上没几个人知道威努斯基的存在。

这里的冬天异常寒冷。最低气温常会降至零下 20 摄氏度。市镇中心只有寥寥数个酒吧，还有一家饭店，名字就叫"威努斯基饭店"。在它们旁边，有若干个废旧作坊和工厂，都是荣耀一时的新英格兰工业时代遗留下来的产物。

在小城之外，世界其他地方都在忙着应对自家的工业危机。伊朗爆发了革命，国王出逃，大规模的抗议活动和工人罢工导致炼油厂产量大幅度缩减。全球油价在不到一年的时间里飙升了一倍。在美国，加油站内等候加油的人排成了长龙。而在威努斯基，供暖成本也上涨到了每年 400 万美元（约合 2018 年的 1 420 万美元）。据统计，一个三口之家的取暖费用每个月高达 500 美元（按照 2018 年的货币价值来计算）。

伯灵顿市已经提出申请，希望由政府拨款沿河修建一座水力发电站，以此来降低它的供暖成本。然而，这一计划如果真能实施，那威努斯基一侧的河岸将陷入干涸。"说到底，会毁掉这座城市。"提根告诉我。失业率居高不下，经济停滞不前，威努斯基濒临绝境。

正是在这样的混乱局面中，提根带着他的手下出去喝酒畅聊了一次。城市规划部门该为这个陷入困境的小城做些什么？他们聊了又聊。有人抱怨这里的气温太低，还有人说，真想给威努斯基加个能保温的"盖子"。正是这句话，让提根想出了一个平生最"绝妙"

的点子。"给整个城市安装一个圆形大顶，如何？"大家此刻酒兴正浓，纷纷表示这是个好主意。

一周后，提根动身前往华盛顿公干。途中，他在巴尔的摩停留了一晚，约见了自己的好友，并且把安装大圆顶的想法告诉了对方。此人是一名联络员，负责为国会和"住房与城市发展规划部"互通信息。"要知道……"他的好友说，"副部长鲍勃·埃布里最喜欢圆顶屋。"早在六七十年代，圆顶屋就曾因节约能源、结构整体性强而受到欢迎。比起四平八稳的直角型屋顶，圆形屋顶更利于聚热，也更抗震。但时至今日，圆顶屋已经和扎染布料以及宠物石等物件一起被时代淘汰了，只有少数几个忠实粉丝不改初衷。很显然，埃布里就是其中之一。

机缘巧合，提根的好友次日正要和埃布里以及规划部另外两人同车去往华盛顿。"我给他们打电话，就说我去不了了，"朋友说，"你替我去。"

同车途中，提根把自己的想法告诉了埃布里，说他计划给威努斯基建一个巨型的、透明的圆形顶，以此来节约能源。屋顶上会安装空气锁，以控制车辆的进出——就像一个空间站——会最大限度地降低供热成本。这样一来，寒冷的小城还能一年四季种植西红柿。

埃布里显然是提根的知音。他从前排座位上转过身来，"只要你做出方案，我就可以给你提供资金。"他说道，"钱不是问题。"

提根把这个好消息告诉了同事们，这大大出乎他们的意料。所有人都迫不及待地着手做起了准备。

威努斯基的市长表示怀疑："你们疯了吗？"但是当提根解释说

住房与城市发展规划部将提供数百万美元的资金援助时，市议会即刻签发了同意书。

大圆顶计划就这样启动了。次日，伯灵顿的新闻媒体报道了此次市府会议，三台电视转播车出现在了威努斯基的市政大厅门外。全国性的新闻报刊也随之而至。《时代》周刊还对此进行了专访。

面对一些不可避免的技术难题，佛蒙特州人绞尽了脑汁。他们设置了圆形顶的各项细节。高度应该是多少？"呃，……250英尺（约76.2米）！"如何解决汽车的尾气排放？"只允许电动汽车或巴士驶入！"

来自各地的圆顶设计怪才们寄来了成堆的邮件。一场"国际穹顶设计专题研讨会"也定在威努斯基举办，届时，天才发明家巴克敏斯特·富勒将做主旨演讲。

此前，从未有人建造过这样的巨型圆顶，所以也没有人清楚该如何做。是否需要设计巨型承重柱？是否需要把小城当作一个气球，给它充满气，以便撑起这个圆顶？这个大气球会不会漏了气掉下来砸到人？市政府该采取哪些措施，才能合理合法占用周边土地以完成圆顶的建造？

形势很快就变得明朗起来。要在威努斯基造一个巨型圆顶，让它既能为小城储热，又能不造成安全隐患，其建造成本已经远远地超出了它有望节约下来的供热费用。此外，如各位所料，它还会破坏整个城市的景观。

国家级新闻媒体发文指责，说这个计划荒唐至极。戴维·莱特曼还在节目中以此作为笑料。坊间甚至流传过一首取笑圆顶计划的歌谣，名叫"威努斯基上空的大圆顶"：

> 威努斯基上空的大圆顶
>
> 紧挨湖畔
>
> 透明又坚固
>
> 是真不是假
>
> 威努斯基上空的大圆顶
>
> 美丽又真实
>
> 是否有人问过你
>
> 你在干什么？

"投在这个项目上的研究经费赶得上一个人一辈子的收入了，"威努斯基饭店的老板汉克对《基督教科学箴言报》的记者说道，"没准还是一份不菲的收入。"

在沙特阿拉伯，威努斯基的圆顶计划登上了报刊头条。中东地区的一些人大惊失色，他们认为美国之所以要将城市覆盖于圆顶之下，是为了和石油产业较劲。

就在此时，住房与城市发展规划部副部长埃布里接到了一个电话。

"你们究竟在干什么？"

打来电话的是总统卡特。他正忙于总统竞选，罗纳德·里根是他的劲敌。在这样一个敏感时期，联邦政府因花费数百万美元给佛蒙特州的一个小城建造大圆顶而招至国际社会的冷嘲热讽，这绝不是一个好消息。据提根说，总统在通话结束时下令："停止这一切。"

2

在本书前半部分，我们一直在讨论认知多样性的重要作用。在上一章里我们也谈到，若要使一个团队重新开启批判性思维，那么外界的"唤醒"、旁人的"质疑声"，以及"善意的惹事精"等因素往往是必不可少的。但是，从威努斯基建造大圆顶的事例中，我们却看出了一个重要问题：某些"别出心裁"的想法相当不靠谱。

佩奇博士曾在前文中指出："团队成员在集思广益时提供的视角越多，团队取得重大突破的可能性就越大。"但随后他又补充道："然而，某些人的视角虽然新奇，但并不一定能带来好结果。"

任何一种想法——包括那些看似疯狂的想法——都有可能在适当的条件下发挥出积极作用，但这并不意味着它们总能如此。鉴于此，本章将聚焦以下问题：团队或团队领导该如何分辨哪些是有所助益的独到见解，哪些又是空耗时间的荒唐念头？

将圆形顶覆盖在城市上方的确不失为一个好主意，只不过这个好主意只适用于火星。①

---

① 评审委员会也并未认定这种做法真的适合火星。

一个喝了两杯酒的年轻人的大胆创意并不适用于寒冷老旧的威努斯基，无益于解决它的供热难题和河流干涸之患。32岁的生态环保卫士马克·提根的认知多样性显得过于出格，以至于它落不到实处。

真是这样吗？

3

在莫斯科的大街小巷浑身瑟缩着穿行一个多小时之后，我终于走出早春3月的连绵阴雨，来到了宏伟的特列恰科夫美术博物馆，它是全球最大的艺术博物馆之一。

此刻的我就站在一个带拱形顶的房间中，眼前面对的，是另一个"绝妙"想法。

作为创意产业的从业人员，我深信艺术作品在传递意义和想法时具有巨大威力。而且我也知道，有些艺术家仅仅是为了美而创作美。即便如此，我还是忍不住要说，某些艺术作品真的是乏善可陈。

例如，我横跨大半个莫斯科城专门来一睹真容的这件作品：79.5厘米见方的一幅画。

对于这幅画，我的感觉是它竭力迎合了某些艺术评论家的口味，但普通人只会觉得它不知所云。就连我那些毕业于纽约名校美术专业的老友也有同感。他们除了知道这幅画"闻名退迩""历史久远"之外，似乎也说不出其他什么。

相反，诸如泰特现代美术馆的菲利普·肖却会这样说：

"看到这幅画，你会因为它什么都没有表达而感到痛苦，但接着你会产生一种强烈的释然甚至是欢愉。这种无形但却无所不包的图像代表着至高无上的理性。"

《纽约客》的专栏作家彼得·施杰达尔认为，画家的笔触"透着妙不可言的温柔意味"。他极其真诚地说，这件艺术作品让人感受到了一种"极致的战栗"。

与此同时，网络上却有人这样说，"我上幼儿园的时候就能画出这样的东西"。

这幅画引发的争议让我困惑难解，所以我宁愿亲自来俄罗斯一探究竟。也许在亲眼看过之后，我才能更准确地理解它的内涵，而不至于因旁人的评价得出褊狭的结论。

就这样，我顶着严寒，跨越国境，冒着错失唐纳德·特朗普内阁向我发出邀约的风险，亲自来探访。

特列恰科夫美术博物馆有若干个展馆，收藏了数千幅名画。有些风景画和静物画在细节的处理上极其精细，以至于我会把它们错当成照片。画中有寻常船只，有动物，还有俄罗斯历史中的杰出人物。有在林中嬉戏的熊爸爸、熊妈妈、熊孩子，有身骑骏马的骑士，有战死沙场的勇士，还有上百幅金光闪闪、绘制于文艺复兴时期的耶稣像。这里甚至还挂有俄罗斯版约翰·古德曼（美国喜剧演员）的画像，画像中的人物穿着白色的胸衣。紧挨着它的，是俄罗斯版扎克·加利·费安纳基斯（美国喜剧演员）的画像，画中的他身穿马甲，慵懒地躺在一个红白条纹相间的布袋上。

在 4 号展馆的某处，我走过转角，来到一个宽敞的房间，房间中央赫然摆放的，就是那幅我不远万里赶来一睹真容的画。

在画前，我一坐就是一个小时。

沉浸在画中时，我还捎带注意到一个现象。大部分来此参观的人都对这幅画视而不见。一对上了年纪的老夫妇牵手在画前迟疑了片刻，然后就离开了。一对年轻的恋人几乎在所有画前都留影拍了照，唯独略掉了这一幅。还有一位大腹便便的绅士，径直走过这幅画朝着两幅美女图而去。很显然，在这幅最具争议的俄罗斯名画面前，参观者中既没有人为之"战栗"，也没有人觉得它"妙不可言"。

原因可能是，它仅仅是一个大大的黑色正方形。

没错。

不是开玩笑。一个黑色的方块。除此之外，什么都没有。也就是说，黑色填满了整个方形的画布。

坦率地说，这个方块并不是太大，尺寸和一台老式电视机差不多，屏幕边长约 15 英寸，镶嵌在外的木制方框边长约 26 英寸。

我用手机拍下了一小段视频。视频主角是一个头发乌黑、身穿绿松石色上衣的少女。当她看到这幅画的标题时——别意外，就是《白底上的黑色方块》——她做了个鬼脸，那样子好像在说："什么?！"然后就转身走开了。

女孩的反应便于我们引出肖的另一段惊人言论："黑色方块未能展现至上的领域，从而无法表达'高级别'的理性功能，一种超脱于自然之外的功能。"换言之,《白底上的黑色方块》的意义就在于,毫无意义。

在去往莫斯科的途中,我曾在伦敦的英国皇家艺术研究院找到过一本介绍该画的书——书名有些居高临下,叫《至上的披露》,希望能从中寻得一些解释,看看这幅什么都没有的画到底要表达何意。就是自那时起,我认定这幅画的作者,卡西米尔·马列维奇,疯了。

马列维奇于 1878 年出生在乌克兰,自幼家境贫寒,靠着个人的勤奋和努力来到莫斯科,成了一名画家。在受到印象主义流派的浸染之后,他开始创作一些没有脸的人物画,开始钟情于对纯精神世界的展现。

"我们所认为的现实,实则是一片没有重量,没有长度,没有形状,没有时间与空间,也没有相对与绝对的无限之域,"他在 1920 年左右曾写下这样的句子,"它无法被呈现,也难以被理解。"

其后数年里,他的言论越来越怪异。比如以下这一段:

"虚无之境的焰火催生了宇宙:唯有在思维的疆域中,火焰才会冷却;催生宇宙的思维之火熊熊燃烧,深潜入无限之域,向着宇宙的深处而去。"

现实并不真实存在。来自洪荒的火焰缔造了宇宙。就是这样。

马列维奇最终成了关注精神的至上主义艺术流派的奠基人。他的核心思想就是"在绘画中寻找零点",即艺术领域的极致边缘,在此之外,一切都不存在。

《白底上的黑色方块》是他的经典画作。据他所言,这幅画意味着艺术走到了尽头。任何想要超越这一尽头的人都会坠入深渊，就像古时候人们还认为地球是平的时候绘制的地图一样。[①]在表达"空无一物"这一思想时，《白底上的黑色方块》做到了极致。

《纽约客》作家塔提亚娜·托尔斯塔亚称之为"艺术领域有史可考以来最振聋发聩的事件之一"。

然而，它就是一个简简单单的四边形。

假如艺术创作是以追求美感为宗旨，那这幅画并未给我带来任何美的体验。假如艺术创作是为了表达某种观点，那我能得到的最大领悟莫过于它是个"黑色方块"。它超出了我的理解范围。对于一个艺术品位居于正常水准的普通人而言，马列维奇的作品就像以下这幅山岭图所示：

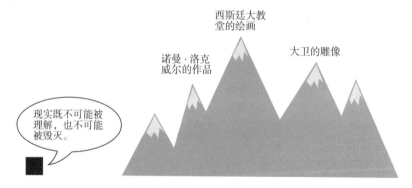

当然，有些艺术作品最主要的作用就是"唤醒"。它们会激励我们去追求远大的目标。毕竟，恺撒大帝正是在看过亚历山大大帝的雕塑之后，才萌生了更高远的抱负。

---

① 此处有龙出没！

但是，《白底上的黑色方块》不属于以上任何一种。既然如此，为什么还有这么多人将它奉为经典？

而且，大家可能会纳闷，马列维奇这样的怪人和我们探讨的创新团队又有什么关联？

4

我又一次看了看特列恰科夫美术博物馆存放的这幅《白底上的黑色方块》。

无济于事。《白底上的黑色方块》依然只是一个黑色的方块。

但是，在一些人对它视而不见之后，有一个留着朋克摇滚发型、活力四射的大学生走上前来，给画拍了一张照片。

"你喜欢这幅画？"我问她。

"当然！"她的口音中带着一种浓浓的俄罗斯腔。

"你是我见过的第一个对这幅画感兴趣的人。"我对她说。

她笑了："那是因为我知道它背后的故事。"

5

过去，人们在评价视觉艺术时，往往以作品是否写实作为标准。

艺术作品以刻画现实为宗旨——就像照相机和打印机一样,而这两种工具当时尚未问世。艺术家会在国王或者贵族王公的委托下,利用手头所有的素材,来为一些美丽的人或物绘制画像或是制作雕塑。

虽然技术在不断进步,此番艺术理念却始终存在。石刻艺术家和印花工若是能创作出形象逼真的作品,则会被视作技高一筹。而且,尽管有些艺术家最终走上了探索现实之变形的道路,例如毕加索在作品中通过扭曲生命形态来凸显某种主题,但刻画现实呈现美的能力始终是衡量他们艺术成就的重要标准。

然而,人们对于艺术视觉的欣赏标准在某个时刻发生了变化。20世纪20年代,德国的包豪斯学派声名鹊起,它以开先河之势对我们今天所熟知的"平面设计"领域产生了重大影响,而平面设计又影响了包括广告和日常应用软件在内的一系列领域。平面设计不仅仅意味着刻画,它还是一种"视觉上的交流"。目前,它已成为一种艺术语言,以文字所不能及的方式帮助我们传递信息、赢得理解。①若是没有平面设计,我们将无从拥有如今这些千姿百态的网站、电影海报,或者是《探险时光》这样的动画片。

而如今的网站使用者、电影爱好者以及动画迷们不知道的是,催生了平面设计这种全新艺术语言的包豪斯学派,还是仰仗社会主义运动才得以诞生。

在该学派出现之前,弗拉基米尔·列宁领导布尔什维克推翻了

---

① 正如麻省理工学院的知名平面设计师杰奎琳·凯西所言:"我的工作就是用引人瞩目或是令人不解的图像来让人们驻足,使他们能停下来阅读其中的信息。"

沙皇统治。他们在当时属于少数派，为了稳固政权，亟须说服俄国的广大民众接受他们的思想。因此，这些人想出了一个妙点子，雇用当地艺术家来绘制一些政治宣传画，然后在俄国各地广泛传播。

巧的是，这些艺术家中有相当一部分都信奉建构主义。他们主张在创作中大胆构形、大胆着色——主要是红黑两色，崇尚象征主义而非写实主义的创作理念。他们的大部分作品都像是被剪切成块的建筑图纸，相互叠加堆砌在一起。

举例来说，有一位顶尖的宣传画家，名叫拉扎尔·李西茨基，他创作了一幅建构主义风格的海报，海报中一个巨大的红三角插进了一个白色的圆形，取名为"用红色的楔子击垮白色"，以此来象征社会主义战胜了反共势力。这一类作品被列宁的追随者们推广到了社会的各个角落。它们不属于常规意义上的"艺术"，却成功地将布尔什维克的思想遍地播撒。

李西茨基对于他那个时代的艺术抱持着一种独到的见解。他认为，艺术可以成为传递思想的工具。也就是说，艺术与现实是可以割裂的，非写实的艺术同样具有价值，甚至比精美的写实作品更有价值。"空间应该被当成舞台或者陈列室，而图画就像戏剧中（或者喜剧中）的角色，在此粉墨登场。"李西茨基解释道，"艺术创作不应是对生活空间的简单模仿。"

建构主义艺术流派在宣传画攻势中大获全胜。布尔什维克尽管在早期势单力薄，此时却因宣传之效而得到巩固。但就在此后，苏联的领导阶层开始担心起艺术家们强大的影响力，唯恐自己的统治因其受到威胁，他们开始打压这些艺术团体，李西茨基的很多同行因此而远走欧洲。

"就是因为斯大林，这些艺术家才投奔西方国家。"特列恰科夫美术博物馆的馆长对我解释道。俄国艺术当时已经对包豪斯学派以及其他一些领域产生了深刻的影响，但在稳固政权之后，斯大林就开始打压那些他不喜爱的艺术类型。[①] 她说："先锋派诞生于俄国，最终却成就了欧洲的艺术文化。"

诚然，平面设计领域的发展受到了多方因素的影响。但宏观来说，现代平面设计是经由包豪斯学派而问世，后者深受俄国建构主义思潮的影响，其先锋人物正是李西茨基。

为什么要强调这一点？因为李西茨基恰好是卡西米尔·马列维奇的得意门生。

尽管马列维奇对于"艺术零点"的探寻导致他创作出了一些不那么赏心悦目的图画，但这种探寻却向李西茨基等人打开了一扇门，使他们得以用一种全新的方式进行艺术创作。正如特列恰科夫美术博物馆里的注解所言："至上主义将绘画从仅用于写实的传统功能中彻底解放了出来。"李西茨基迈入这扇门，继而开拓了一个激动人心的新领域。

---

① 有趣的是，斯大林下令禁止的，恰恰是曾经帮助布尔什维克赢得支持的那种艺术形式。在此情形下，马列维奇只得收敛锋芒，开始循规蹈矩地创作一些写实画作，但此类画作却巧妙地表达着一丝忤逆之意。在他自画像的一角，就有一个小小的黑色方块。

在多数人眼中，《白底上的黑色方块》不过就是一个黑色的方块。然而，在空无一物的这个方块和世人普遍所认为的艺术作品之间，存在着一个无人曾到达过的顶峰。

换言之，《白底上的黑色方块》终归是有意义的。它让我们看到了艺术领域无限的可能性。

＊　＊　＊

通过对《白底上的黑色方块》的解读，我们发现，认知多样性中存在着某种有违直觉的东西。也就是说，某些情况下，坏主意会派上大用场，因为这些坏主意往往能带领我们看到一个全新的方向。

科学上将这种现象称作"偏差容忍启发式"。正如我们的老朋友佩奇教授所言，它是指"在某些时候，一个看似无用的新思路会带来意想不到的好结果"。

重要的概念说两遍。在某些时候，一个看似无用的新思路会带来意想不到的好结果。

关于这个概念，还有一点微妙之处值得我们注意。大家应该记得，在前文中讨论"唤醒"的那一章里，我们提到了合作者是如何将我们从静默状态唤醒继而推动我们有所作为的。但是，《白底上的黑色方块》并没有起到这样的作用。马列维奇标新立异的至上主义画作并没有推动任何人采取有意义的后续行动。大部分人不认可它，也没有谁强迫所有人接受它。相反，直到有人主动地关注起马列维奇不同于常人的创作理念时，新的可能性和洞见才随之产生。

各位是否已看出其中的差异？"唤醒"会激励我们采取行动，会使我们看见之前不曾看到的东西。而马列维奇和李西茨基所经历的，却是一种"认知拓展"。当人们在好奇心的驱使下跳出常规认知框架去看问题，并因此而主动地用新视角新方法来思考问题时，"认知拓展"就会发生。

归根结底，当我们将认知方式各不相同的成员纳入团队，并且对他们的想法给予关注时，认知拓展就会出现。事实证明，团队成员之间的视角差异越大，他们相互碰撞出奇妙灵感的可能性就越大。

我们不妨将马列维奇视为平面艺术创作团队中的重要一员，尽管他的独特理念就其本身而言并没有太大作用。李西茨基在好奇心的驱使下，认真思考了马列维奇的观点，结果成就了自己的伟大事业。

在一些人眼中，塔拉索夫教练无疑是特立独行的，因为他要求队员们学习跳舞，练习忍者之术。也许他是对的。然而，红色军团正是因此开创了独有的球场技巧。塔拉索夫在球队中营造了一种好奇心至上的文化，周遭世界中凡是有助于冰球比赛的，队员们都会去主动关注。

"在某些时刻，你会因为置身于一个让你不明就里的情境而产生好奇心。"山下吉斯先生告诉我们。就其字面意思而言，好奇心是指人们意欲探索无用事物的一种愿望。但它通常被看作是一种优秀品质，因为探索的对象也许无用，但探索的过程却往往是有用的。

比利时鲁汶大学开展的系列研究证明，这个观点影响至广。

在研究中，学者们组织了若干个小组进行头脑风暴，每组有 8 个成员。所有人同时进入房间，按照要求，他们需要就手机游戏或是移动支付软件等话题集思广益，然后在小组协调员的指导下，将自己所能想到的全部灵感都写下来并一同讨论。

之后的环节较为有趣。为推动小组展开讨论，研究人员会在不同阶段为他们提供不同的"灵感素材"。有些"灵感素材"非常直白，比如"将可透支信用卡与支付软件相绑定"之类的建议。研究人员会要求大家以此为例，想出更多办法。

而有的时候，研究人员会出一些坏主意。其中之一就是，用手铐来控制用户在移动软件上的消费，当消费过高时，手铐会收紧从而让人产生痛感。很显然，这样的主意肯定不会被商家采纳，同样也不会被立法部门接受。

还有的时候，研究人员会让某些性格古怪的人员加入小组活动。例如帕特里克，一个被妻子、孩子抛弃的潦倒艺人。"帕特里克最好的朋友就是他那条机灵却懒惰的狗。但它有个坏毛病：爱在地毯上撒尿。"研究人员做了这样的说明，"帕特里克目前在做兼职私家侦探，收入所得刚够他买一些廉价香烟和白兰地。"

其后的结果大大出乎人们意料。还记得前文中我们曾提到的那个现象吗？当众人聚在一起进行头脑风暴时，其结果往往比不上个体独自思考时所产生的灵感。然而，在鲁汶大学进行的这些研究中，当一些糟糕的点子，比如令人产生痛感的手铐，被提供给小组成员时，或者当不靠谱的"合作者"加入小组讨论时，结果却出乎意料得好——比之前集思广益时的思考和单打独斗时的想法都要出彩。

就像《白底上的黑色方块》一样，糟糕的点子指引着人们看见了之前不曾看见的世界。

在有关"唤醒"的那一章中，哈伦·内梅特博士的研究已向我们证明，异己分子或是另类想法的存在会迫使团队更加深入地思考问题。当团队中出现不同意见时，大家会更慎重地对待眼前的问题。

她的结论还不仅限于此。在其他一些研究中，她进一步指出，坏点子的出现也能引导小组获得更多的灵感。"少数派观点的意义并不在于它所代表的立场是否'正确'。"她写道。

马列维奇推崇的至上主义对错与否并不重要，重要的是我们是否能通过对至上主义的思考，开创出平面设计这一全新领域。

比利时学者安排帕特里克这样的人加入小组讨论，结果却激发了更精彩的灵感，这与"组织沉默"脱不了干系。很多时候，我们的大脑会有意无意地压制某些想法，因为这些想法超出了团队所认可的范畴。简言之，当头脑风暴活动中融进了一些坏主意时，我们打破组织沉默、提出大胆见解的可能性会大大增加，因为已经有更不靠谱的想法在为我们垫底了。[1]

这一结论让我们多多少少地想起了前文中谈到的女性警员们。在一支由男性组成的、行事风格恒久不变的警察队伍中，女性警员——算是少数派——的出现会大有助益。[2]内梅特博士的研究则证实，即便少数派的观点是错的，只要不被小组成员视而不见，那他们依然能发挥积极作用。

事实证明，到访威努斯基的新闻记者若是能在当地多待些日子，那他们就一定能意识到这一点。

6

在卡特总统下令马克·提根停止他的疯狂计划之后，外界就再也没有听到过任何有关威努斯基的消息了。

新闻记者陆续撤走。圆顶屋爱好者们也不再寄来成堆的信件。首届"国际穹顶设计专题研讨会"转眼间变成了最后一届。唯有在期刊或博客上供人闲聊的谈资中，"威努斯基的圆顶计划"才会偶尔以如下形象现身："还记得佛蒙特州的疯子们一心要建的那个荒唐的

---

[1] 西北大学的教授利·汤普森也曾得出过类似结论。他发现，若是让人们在开始头脑风暴之前先分享一下彼此的尴尬遭遇，那么之后的讨论效果往往更好。"据观察，和对照组相比，分享过尴尬遭遇的小组形成的意见在数量上多出了 26%，在类别上多出了 15%。"她写道。将自己的某段经历无所保留地分享给他人，"带来的是更强大的创造力"。
[2] 亦有研究表明，年龄和性取向等其他因素也会起到相同的作用。

大圆顶吗？"

但其实，如果人们再多停留一会儿，那一定会发现些更匪夷所思的事情：那个从未建成的大圆顶竟然间接地拯救了威努斯基小城。

当住房与城市发展规划部副部长埃布里把圆顶计划下马的消息告知提根时，他同时提出了另一个建议。

"圆顶计划不能继续推进了。"埃布里说。但是，他知道伯灵顿市打算在河岸边建一个水力发电站。能不能将政府拨款的一部分划给威努斯基市，让它在河岸的另一处也建一个水力发电站，以便既能保障小城的供电，又不至于破坏小城的规划？

对于圆顶的热情——专程坐飞机赶来建言献策的发明家和政治家所怀有的热情——给小城及其支持者们带来了希望，其中尤以埃布里为最。"这说明，我们都愿意跳出常规去做些尝试。"提根说。在圆顶计划这一问题上，提根是站在了一个旁人未曾有的视角来思考威努斯基的出路。他的视角称得上前无古人后无来者，以至于当别人也前来附和这个不着调的计划时，他们更容易获得一些之前不曾有过的想法，例如在河流下游兴建水电站，或是开发其他五花八门的项目。圆顶计划将他们的好奇心统统激发了出来。

"人们关注的不再是圆顶的建造，而是废旧工厂的复兴和工业园区的开发。"提根说。从前被大家忽略的想法如今得到了重视。"我们仿佛一下子开了窍。"

水电站最终顺利完工。这个水电站既帮小城压缩了供热成本，又保证了原有城区的完整，而且还让威努斯基和伯灵顿两个城市避免了摩擦。靠着住房与城市发展规划部提供的资金，城中的废旧工厂被改造成了节能型办公区，吸引了大批企业入驻。随后，提根还搭乘一辆满载小城居民的公交车去了蒙特利尔，向那里的小型企业宣传威努斯基新建后的优势，成功说服了其中几家来小城设点经营。

尽管圆顶计划算得上相当离谱，甚至是相当糟糕，但它终归带来了有益的结果。正是在设法落实这个糟糕计划的过程中，威努斯基及其支持者们（例如住房与城市发展规划部）的视野被打开，更为可行的计划因之而诞生。若非如此，小城的改变无从谈起。

在之后的几年里，威努斯基的失业率从 15% 降到了 7%。

马克·提根于 1982 年赴圣莫尼卡履新，为纪念他的贡献，威努斯基的一条街道专门以他的名字命名。

7

据说，阿尔伯特·爱因斯坦有一次被人问及他和普通人之间的差异，他回答说，同样是在干草堆里找针，别人可能找到一根后就会停手，而他却会接着找，直到把干草堆里所有的针全找出来。

表面来看，他好像是在浪费时间。有必要吗？但正是由于爱因斯坦对物理学巅峰领域孜孜以求的探索，他才最终以高屋建瓴的视角提出了改变世界的相对论以及其他一些重要理论。

通常情况下，即便一些重要的人或事就摆在眼前，但其重要性依然会被视而不见。举例来说，在歌手云集的竞技场上，多家唱片公司都曾给披头士乐队投过否定票。电话、收音机、汽车、电视等设备最初被各自的发明者摆上桌面时，也都受到过众人的诋毁。如今已取得巨大成就的公司中，有很多——从苹果到爱彼迎——似乎在初始阶段都犯过低级错误。

这让我们重又回到了本章开始时的那个问题：如何才能甄别有用的多样化认知？以便及时捕捉好的观点和想法，且不至因疏漏而错过像爱因斯坦和披头士乐队这样的天才？

事实证明，根本就不该这样问！创新团队要做的，不是去甄别哪些观点有用，哪些观点无用。他们已经意识到，若要最大限度地实现突破，任何一个观点，无论它有多荒诞，都不能被视而不见。

* * *

马克·提根对于新奇观点的爱好始终未变。在整个职业生涯中，他一直在用这些观点来影响着那些思想保守的市议会成员。

就像苏联国家冰球队队长瓦雷里·瓦西里耶夫——屡次在冰球场上做出格的事儿，为了干掉对手不惜故意犯规，[①] 提根在他的职业领域内也是一个不断挑战"规则"的人。这使得他所在的队伍有可

---

① 在《队长一族》中，《华尔街日报》编辑山姆·威尔逊用大量证据表明，纵观历史上任何一支出色的球队，都有一个敢于越界犯规的队长。无论是 20 世纪八九十年代的 NBA 总冠军底特律活塞队，还是 90 年代强势崛起的古巴女子排球队，这些体育界的明星团队中总有一些不按常理出牌的成员。

能实现更高目标。

在提根的努力下，威努斯基获得了联邦资金的援助，人均来看，其资助力度在当时高居全国第二。此后，提根又主持开发了圣莫尼卡的太平洋沿岸地带，在那里建成了一家闻名遐迩的购物中心。他最终成了美国国内颇负盛名的城市规划师，住房与城市发展规划部还出资请他撰写有关经济发展的专著。

年近七旬时，提根还在马萨诸塞大学授课。在电话访谈中，他说他仍然坚信威努斯基可以造一个他曾心仪的大圆顶，但更重要的是，他说，大家能对此建议做出深入思考。从此，这也成了他的信条。"也许会做错，"他说，"也许会走向歧路，但是我有心尝试，假如某个机构恰好也感兴趣，那我们就有可能干成些事情。"

类似于《白底上的黑色方块》和威努斯基大圆顶这样看似荒唐的作品和想法往往不能直接带我们到达成功的彼岸。但是，马列维奇和提根让我们意识到，关注那些超越常规的视角有多么重要。平凡的队伍正得益于此，才最终成了有创造力的创新团队。

问题在于，在搭建团队之初，我们该如何猎得这些不按常理出牌的人？

第六章

欢迎光临海盗世界

超常目标与不同价值观

"和卡车拔河时我们赢了！"

1

安德鲁·杰克逊将军刚刚从尸横遍野的战场上下来,就又接到了带兵出发的命令。这一次,他将带领一支由海盗、下九流、原住民以及黑人组成的队伍,去拯救美利坚于水火之中。

写到此处,我禁不住心潮澎湃。但请少安毋躁,让我们先把思绪拉回到更遥远的过去。

距离乔治·华盛顿荣任美国首位总统已有十余年。这个尚处在幼年的国家依然在蹒跚前行,收容移民的同时,也在不断向西扩张着自己的领土。独立战争造成的创伤在逐步痊愈,大大小小的工厂也相继开业,整个国家在逐步迈上正轨。

与此同时,英国国王乔治三世及其儿子也在忙着为自己的国家筹划。他们决定要为多年来蒙受的战争损失寻求补偿。大批船只随即突临美国海岸,开始骚扰美方船只。它们抢夺美方的物资,还强迫美国船员加入英国海军。

作为回应，托马斯·杰斐逊总统下令，禁止所有货物出入美国。

这一禁令瞬间摧毁了国内经济。北部各州惊慌失措，扬言要脱离美利坚合众国。南部各州出产的棉花和烟草等物资腐烂在码头上。粮食短缺，人们开始吃不饱饭。而英国却一切无虞。

正如历史学家温斯顿·格鲁姆所言，这一举措"足以在'有史以来最愚蠢最短视的政策'排行中位列榜首"。[①] 为减少开支，杰斐逊还裁撤了部分军队。

事实证明，美国的做法实属下策。在英国的挑唆下，美国印第安人不断在边境小镇滋扰生事，美方船只也持续遭到英国人的抢劫。

之后，詹姆斯·麦迪逊继任总统，国会向英方正式宣战。这一决定同样带来了灾难性的后果。英王乔治发兵入侵华盛顿，烧毁了白宫，在弗吉尼亚至马里兰州沿线城市大肆抢掠。北方各州惊恐交加。美国国内的主战派和反战派也开始内讧。民主党和共和党人还放火烧毁了联邦主义者的报纸。诸如此类的事件频频发生。

此时，英国方面已经从美国国内的混乱局面中看到了一线机会。他们相信，凭借自己强大的军事优势，他们有望让美国俯首称臣，变为英国的殖民地。

---

① 至于托马斯·杰斐逊为何能青史留名，也许主要是源于他在任总统前为美国独立所做出的贡献。或者，是因为和当时的副总统阿伦·伯尔相比，他还算是个好人。众所周知，是阿伦·伯尔杀害了亚历山大·汉密尔顿。他还曾密谋夺取土地，将西班牙人赶出墨西哥，并且以国家主宰者的身份自居。

东部海岸已然是一片狼藉，接下来，英国人只需将目标对准加勒比地区，沿密西西比河溯流而上，然后，用某位船长的话说，"把美国人赶进大西洋"。身陷重围的美国只有两个选择，要么战败投降，要么重新加入英联邦。

妨碍这一计划的绊脚石只有一个：路易斯安那州境内一个名叫新奥尔良的港口城市——一个朝气蓬勃、热闹喧哗的地方。

新奥尔良是"路易斯安那购买案"中美国从拿破仑手里得来的一座城市，它是密西西比河上的门户，也是外来移民和下九流们的聚居之地。住在这里的有克里奥尔人（西班牙人和法国人的后裔，出生在当地），有拓荒者，有获得自由的黑人，还有来自世界各地的外来人口。

在举国上下都因贸易禁令吃不饱饭的时候，唯有新奥尔良未受影响。这在很大程度上归功于当地的两个英雄人物——吉恩·拉斐特和皮埃尔·拉斐特这对海盗兄弟。

吉恩身高 6 英尺（约 1.83 米），头发乌黑，体格强健。与滑稽漫画中装着假肢拎着鹦鹉的海盗形象不同，他衣着考究，能说一口流利的西班牙语、英语和意大利语（当然，带着些法国腔）。吉恩不喜欢"海盗"这个字眼，更喜欢别人用"船长"来称呼自己。他的哥哥皮埃尔经营着一家铁匠铺，那里其实是他们进行走私的场所。二人的兄长名叫多米尼格·尤，在加勒比海上拥有一批船只，他本人也打扮得颇像一个标准海盗的样子，比如身穿条纹图案的裤子。拉斐特一家在海湾地带打劫外国船只，贩卖丝绸、蕾丝、摩洛哥地毯及皮毛、家具、装饰用的银器、瓷器、水晶、挂毯，以及威士忌、朗姆酒、葡萄酒和其他各种物资。

他们都是些厉害人物。

在 19 世纪早期，假如英美两国开战，那么打劫对方的船只将被视为合法。拉斐特兄弟巧妙利用了这一规定，靠着由卡塔赫纳城邦授权的准杀证——一个便于和所有人开战的许可证——在海上肆意妄为。因此，他们得以"合法地"掳掠西班牙人以及其他任何国家的人。

但是，在杰斐逊颁布禁令之前，以掳掠方式进行的进出口活动就已被界定为违法行为。因此，拉斐特兄弟在新奥尔良南部的巴拉塔利亚湾附近几个遍布沼泽的小岛上，建起了自己的营地。他们将打劫来的船只开往此处，卸下物资，然后再经由海湾偷偷将物资运往市中心。

新奥尔良市政府对此睁一只眼闭一只眼。只要拉斐特兄弟的海盗王国正常运转，那整个城市就不会缺朗姆酒喝。

只不过，吉恩在储备好酒的同时，并没忘了存些火药和炮弹，他还得防着政府的秋后算账。

2

本书已用大量篇幅介绍了以"底层乌合之众"（好莱坞的业内术

语）为主角的案例。我们从中可以看出，创新团队或多或少有点像多个粒子激烈碰撞期间的一个反应堆。接下来的这一章中，我们将探讨如何才能为创新团队觅得合适的人才。如我早先所言，重大进步离不开多人的合力。而这往往意味着要将小团队凝聚在一起——在团队之上搭建团队。

接下来，我们会发现自己的某些关于团队的常规看法是多么的落伍。至于为何会如此，且待我们一同来回顾一下1812年美英开战之后事态的发展。

当英国海军着手策划对新奥尔良的入侵时，英军上校爱德华·尼科尔斯前往巴拉塔利亚湾进行了一次秘密踩点。他将大批船只停泊在了牙买加海岸附近。他和他的部队刚刚在拿破仑那里打了一场大胜仗，将士总人数有2万之多，此外还有2 700人驾船紧随其后。

但是，要驶入新奥尔良，船只必须得小心应对密西西比河上的九曲十八弯。为了将慢速前进逆流而上的航船开进目的地，他们必须得借助地面进攻来摧毁新奥尔良市的外部防线。这就意味着上万士兵得穿越沼泽地，而他们首先得知道走出沼泽地的最佳路线。

为此，尼科尔斯想让吉恩·拉斐特的人带路，酬金不菲，约合今天的200多万美元。

吉恩应允了。他告诉对方（很可能是一边说，一边抚弄着自己上翘的胡子）自己需要两周的准备时间。前来交涉的人高高兴兴地返回了船队，万事俱备，只欠东风。

吉恩即刻赶往路易斯安那州州政府，将英国人的计划和盘托出。

计划中的诸多细节都是他把英国特使用朗姆酒灌醉后了解到的。

可笑的是，州政府当时正想和海盗兄弟摊牌。由于新奥尔良市的市长没有对他们采取过任何干预措施，州长威廉姆·克莱伯恩已经动怒，他刚刚发出了 500 美元的悬赏令，要"将吉恩·拉斐特捉拿归案"。

吉恩·拉斐特还是一如既往的狂妄。作为回应，他在市里的大街小巷张贴了"将州长捉拿归案"的悬赏令，酬金还要更高些。州政府因而派出了军用帆船，决意要荡平巴拉塔利亚。与此同时，拉斐特兄弟也在一边应付着英国人，一边让手下的海盗以最快速度将枪炮和财物隐藏进沼泽地。

至于海盗兄弟为什么要帮着自己的敌人——政府——来对付英国人，我们不得而知。也许因为新奥尔良是拉斐特兄弟的家，而他们也热爱自己的国家——虽然谈不上热爱这个国家的政客们。①

刚一听说尼科尔斯的计划，美国政府内部就炸开了锅。美国从来就没打算在密西西比河上设置防御力量，更别说去依靠新奥尔良地区屈指可数且装备落后的那点兵力了。鉴于全国性的军事武装尚未建立，麦迪逊总统的最佳选择只能是求助于田纳西州一位律师出身的军事指挥官——以善于对付当地原住民部落而闻名的安德鲁·杰克逊。麦迪逊总统的指令很明确："尽你所能。"

---

① 另一个原因是，皮埃尔曾因走私罪被捕入狱。但就在吉恩将英国的入侵计划透露给州政府官员后不久，皮埃尔"神秘地"逃离了监狱。针对他们的有罪指控很快被撤销。而在皮埃尔获得自由之后，拉斐特兄弟再也没有踏上逃亡路……

杰克逊同样拥有着多面型人格。他性格暴躁，固执己见，从不会在他认定正确的事情上妥协半步。这些性格特征往往令他言行出格。

比如，他曾经差一点在决斗中杀死田纳西州的州长，因为对方出言不逊。还有一次，他为朋友打抱不平，用马鞭教训一个纨绔子弟，结果手臂被对方开枪击中。起因是他的朋友开枪打了那纨绔子弟的朋友。①

就在此后不久，杰克逊接到了华盛顿方面下达的紧急指令，命他前往新奥尔良。

到达这座城市时，杰克逊正身患痢疾，胳膊上还缠着绷带。新奥尔良本地人听说了英国军队在马里兰州村庄里的所作所为，人心惶惶。该地全部的防御力量就只包括一支由 287 名当地律师和商人临时组建起的队伍，两个装备落后的路易斯安那州民兵团，外加 107 名骑兵。民兵团中的一支由当地下九流娼妓自愿加入组成，主要负责缝补和弹药供应等工作；另一支由已获自由的黑人组成，共 210 人。这些人不拿报酬，都是在杰克逊的动员下自愿加入的。为了壮大力量，杰克逊从田纳西州带来了 1 800 名志愿者，他们满脸胡须，手拿短斧，身扛猎枪，外号"脏衬衫之队"。

即将迎战 2 万名英国正规军的，就是这样一支队伍。这些来自

---

① 我们来把整个过程理清楚：有个家伙露出屁股挑衅杰克逊的朋友，因此被杰克逊的朋友一枪打在光屁股上。这家伙的同伴气急败坏要报复，杰克逊出手用马鞭教训了他，结果失去理智的对方为自保开枪击中了杰克逊的臂膀。就是这么简单。

三教九流的志愿者没有在一起并肩战斗过，多数人甚至连真正的战争都未曾亲历。而如今，他们自己的生死，这座城市的存亡，以及美利坚合众国的未来，都已危在旦夕。

杰克逊在全城进行军事管制并发表了演说。他呼吁所有公民"放下差异和分歧"，携起手来一同保卫自己的家园。市民们群情激昂。这支底层乌合之众构建起的队伍开始在城市外围挖战壕，修建防御工事。

但是杰克逊很清楚，这些还远远不够。

据他了解，还有两支队伍有望被收编。一支是乔克托的勇士，共有 62 人。另一支让他心里有些抵触，那就是手上碰巧拥有大量枪炮的一群违法犯罪分子：巴拉塔利亚海湾的海盗团伙。

杰克逊憎恨法国人，憎恨克里奥尔人，也憎恨违法乱纪的罪犯。他支持奴隶制，参加过克里克战争，在对待黑人及美国印第安人的问题上，他几乎一直与历史发展潮流背道而驰。而且，他的确非常、非常痛恨海盗。

当然，他最恨的还是英国人。①

吉恩·拉斐特的律师爱德华·利文斯顿②出面安排了双方的会晤。杰克逊被这个蓄着小胡子的海盗迷住了。拉斐特兄弟不光有枪炮，

---

① 在独立战争期间，英国人害他成了孤儿。他的母亲在英国人的船上照料伤员时染上霍乱，撒手人寰。所以，他对英国人满心仇恨，若是对方胆敢再来抢夺他的家园，那么就像西奥多·罗斯福所说的，"他会带着满腔愤怒毫无畏惧地迎战"。

② 其实就是 19 世纪初期的索尔·古德曼。

还储备有打火石、火药、步枪、手枪等物资。为了拯救这座城市，杰克逊在"求同存异"这件事上做出了表率，他接纳了拉斐特兄弟，并且请他一同为部队出谋划策。

乔克托的勇士们也加入了队伍。就这样，新奥尔良的这支防御力量成了美国历史上士兵身份最多元的一支队伍。可即便如此，他们依然处在以一敌六的劣势中。

英军乘船渡河，在距新奥尔良南部几英里处安营扎寨，意图在次日用一天时间攻破杰克逊的防线。然而，海盗兄弟的手下在当晚乘船顺流而下，他们未开船灯，停靠在了英军营地的对岸。英国人注意到了这艘船，他们打了信号，发了警示枪，然后认定它不过是只普通的渔船。穿越沼泽地时的连日劳顿让他们很快进入了梦乡。

转眼间，船上的炮门洞开，海盗们对着英军营地开火了。

这不属于常规的两军对战。英国人习惯于"文明开战"，衣着整齐的士兵列队站好，用目光威慑敌人，然后怀着满心的荣誉感拼尽全力为胜利而冲锋。

海盗们可不管这一套。他们对着英军营地开了一整晚的火。弹药用尽后，他们又将链条和炊具用大炮发射出去，把大炮所能及的每一处都打得稀巴烂。

英国人当初没想到会在对战时用到大炮。由于天气原因，他们在数周之内都无法驾船逆流而上。要想将自己的地面火炮穿越沼泽地送往此处进行反攻，至少得花好几天的时间。于是，英军挖了战壕，躲在泥地中等待着。

与此同时，乔克托的勇士们偷偷潜入了沼泽地。他们用战斧消灭了英军的哨兵，干掉了碰巧进入林中撒尿以及那些远离大部队扎营的士兵。"脏衬衫之队"也没闲着，他们用猎枪远距离射杀了很多英军的警卫。

英军官员恼羞成怒。他们认为这是一次不仁不义之举，是印第安原住民在械斗中的打法，根本不是一场光荣的战争！尼科尔斯派信使打着白旗前去谈判，希望美方能停止这种荒唐打法，来一场绅士之间的对决。杰克逊接待了来使，然后请他向英国方面转达自己的诚挚请求：请这位入侵美国的上将见鬼去吧！

最终，英国人总算穿越沼泽运来了大炮。他们炸毁了海盗兄弟的那艘船。但彼时海盗们已经转战至下游处一艘更大的船——船上的火炮射程比英军的还要远。炮火连天的局面仍然继续着。

杰克逊给所有战士分发了威士忌，他知道，对方的总攻不日将至。英军要想躲避海盗们的炮火侵扰，唯一的出路就是向前推进，猛力攻克杰克逊的防线。

待到英军发起总攻之时，杰克逊已经命人挖开了一条巨大的战壕，建起了数英尺高的防御工事。而且，他还听从了拉斐特的建议，将防御工事多延伸了半英里（约 0.8 公里），使之与沼泽地连起来。事实证明，英军的攻击焦点正是此处。此外，他命"脏衬衫之队"的步枪手和海盗队伍中的炮手埋伏在高墙后面，由吉恩的哥哥多米尼格·尤负责指挥。

大决战发生在 1815 年 1 月 8 日，一个星期日的早晨。当数不胜数的英军士兵奔涌过来时，这支各色人等组成的美国防御部队开火了。地面扬起的烟雾浓得遮住了视线，以至于他们不得不间或停止射击，好让步枪手们能在略微清晰的视野中更好地瞄准目标。这些边境地区盛行的长筒步枪实则是干掉英军军官的绝佳武器，他们身上颜色鲜艳的服装以及头上高耸的帽子都会让他们被轻易锁定。放冷枪这种做法同样不够绅士，但它行之有效。与此同时，海盗们的炮声也从未停止，哪怕是射出的一个弹片都能让 15 个人同时毙命。英国人眼睁睁地看着自己的大炮沉进了泥里。

硝烟散尽后，英国方面死伤 3 750 人，美国方面死伤仅 333 人。

英国人意识到，这样的打法只会损兵折将。他们收拾起家伙，穿越沼泽，垂头丧气地撤退，回到了自己的船上。

在英国人驾船离开后，新奥尔良全城欢歌同庆。

* * *

在战争史上，新奥尔良之战可谓是依靠军事策略取得完胜的一场杰出战役。英军的失败在很大程度上归咎于尼科尔斯上校及其将士们的过度自信。而杰克逊将军的手段尽管一如既往地登不上台面，但其表现总体上是值得赞许的。在与那些他根本就瞧不上的人并肩战斗的过程中，杰克逊让一群乌合之众蜕变成了一支完美团队。用我们的老朋友山下吉斯的话来说，杰克逊"锻造"出了这支完美团队。

至此，各位读者应该已经清楚地看出，此战告捷的根本原因并不是杰克逊的领导才能，而是我们从一开始就在探讨的团队合作。将这座城市拯救于危难之际的并非某个人的智慧和能力，而是各种各样的思维方式和观察视角交织在一起时形成的精彩碰撞。

也就是说，如果没有杰克逊手下的这支杂牌军，那没准如今的5美元钞票上印着的就是英国女王的头像了。①

"脏衬衫之队"的猎枪比任何一个英国士兵的枪都要射得远、射得准。他们的上膛速度并不一定快，但鉴于有着强大的后勤保障，这些田纳西州的志愿者并不需要为此费心。乔克托的勇士们则在黑夜的隐蔽下大挫英军的士气（更别说干掉对方的哨兵）。若非巴拉塔里亚海盗们的炮火攻势和拉斐特兄弟的出谋划策，杰克逊的防线势必会被敌军攻破。

这场充满着传奇色彩的战役将杰克逊打造成一个种族英雄。他后来涉足政界，并当选为美国第十七任总统。爱德华·利文斯顿出任他的国务卿。

至于吉恩·拉斐特，他已不再是政府悬赏通缉的对象，而是成了当地名流。他频繁参加一些时尚派对，兴趣爱好也从打劫船只转向了赢取美人心——新奥尔良那些美貌的已婚女子的心。

---

① 《根特条约》为1812年战争画上了句号。该条约签订于新奥尔良战争打响前的几天，但消息传来却是在一个月之后。假如尼科尔斯攻占了新奥尔良并且继续向密西西比河上游挺进，那估计这项条约也会变成废纸一张。最起码，英军会把他们在东岸烧杀掳掠的行径原样照搬到这里。当然，一切都只是无法证明的猜想。

3

不同的思维方式和视角有助于众人合力取得进步，关于这一点，我们已经探讨了很多。此外，我们也谈论了如何发挥认知差异的优势，如何为团队减压，如何对待异己分子，以及如何接纳不按常理出牌的观点，以便汲取从别处无法汲取的灵感。

杰克逊手下这支杂牌军构成的完美团队具备了上述所有特征。但是，他们的故事也让我们开始思考这样一个问题：不同的队伍之间如何才能开启合作？

杰克逊与拉斐特根本就不是一类人，但他们却能共商大计，在身处劣势时制定出了扭转败局的防御策略，最终以1∶10的伤亡比例获得了胜利。乔克托人与田纳西州人原本水火不相容，可一旦联手，他们的威力变得势不可当。已获自由的黑人有一万个理由痛恨奴隶主，但大敌当前时，他们却能一起修筑防御工事，一起扛枪打仗。在巴拉塔里亚海盗手下操作大炮的炮手，恰恰是曾经奉州长之命去捣毁海盗老巢的那些士兵，而如今，双方配合得天衣无缝。

从中不难看出，并非只有相同的人才能携手合作，也并非彼此欣赏才能走到一起。我们需要的，仅仅是一份重大的、共同的目标。在这一案例中，所有人一致对外，唯一的目标就是把英国人赶出自己的家园。

心理学家称此类目标为"超常目标"。

超常目标不同于普通目标。它凌驾于一切目标之上。比如说，你希望让美国成为一个自由国度，也希望能赚到 200 万美元，但是前一个目标显然更为宏大。正是这类目标让不同的人放下成见走到了一起。

历史一次又一次地告诉我们，超常目标足以将分歧程度最大的群体凝聚在一起。

美国政府和海盗团伙势不两立。而杰克逊的性格也绝算不上宽宏大度。黑人士兵拥有的自由少得可怜，因为他们生存其中的这个社会只把他们当作二等公民或是私有财产来对待。如果美国遭到英国的进攻，那么乔克托人也有充分的理由对美国人说一句"你罪有应得"。

但是，正如两千多年前的一句梵文谚语所总结的，这些针锋相对的阵营最终都意识到，"敌人的敌人就是我们的朋友"。所有人都希望保全自己的家园，这种渴望比起发横财或是算旧账的愿望都更强烈。正是在这一超常目标的带动下，他们才聚合成团。

这样看来，搭建团队似乎并不难。无论彼此间有多大差异，只要先确立一个超常目标，那我们就能紧握对方的手坚定前行。

只是还有一个小问题。吉恩·拉斐特在新奥尔良战役结束之后，就碰到了这个问题。

4

鉴于巴拉塔里亚海盗在拯救美国的这场战役中骁勇善战，并且奉献出了手中的武器，因此詹姆斯·麦迪逊总统在 1815 年 2 月 6 日向拉斐特及其手下发布了赦免令，宣布将不再追究他们在战前所犯的罪行。

但是，路易斯安那州州政府却在同一时刻决意抓捕这些人。拉斐特兄弟经营数年积攒下来的丝绸、朗姆酒、家具以及精品物资——就连麦迪逊总统都许诺不再追究其来源——统统被罚没进了州长克莱本的仓库。

吉恩·拉斐特上诉了。官司一路打到最高法院。拉斐特坚持说自己从未参与海上抢劫活动，说他只是卡塔赫纳一条普通民船的船长，他在海上对别国船只所做的一切都属于合法行为，并未触犯美国法律。还说没收他财产的州长大人倒更像是个地地道道的抢劫犯。

但是路易斯安纳州并没有接受他的说辞。既然眼前的危机已经过去，美国商船也已重新开始运送物资，那么这些巴拉塔里亚人就没有用处了。克莱本扣下了拉斐特的东西，并且再一次对他下发了通缉令。

于是，拉斐特带着自己的船队一路驶向加尔维斯顿——得克萨斯州境内的一处小岛，在那里建起了又一个海盗世界。

杰克逊对国家的满腔忠诚也在战后消散得一干二净。[①] 他和政府之间的分歧几乎是在战争一结束就出现了。在新奥尔良实行军事管

---

① 在不带兵打仗共赴超常目标的日子里，杰克逊并不招人喜欢。他总会设定一些奇怪而苛刻的标准。担任总统后，他常当众奚落自己的副总统，还派出数千名印第安人参加西进运动，其中很多人都命丧于此。

制期间，杰克逊曾将一个好管闲事的联邦法官送进了监狱。如今平民政府重新掌权，这位法官就以滥抓无辜的罪名起诉了杰克逊。

此外，战后没几天，杰克逊就公开处决了6名自愿参战的平民士兵，因为他们提出要退伍回家。在和平协议正式签订之前，杰克逊一直是在奉军法执掌当地政权。这6人曾签订了为期三个月的参战合约，如今合约期满，但杰克逊不准他们离开。所以，当他们执意要离开时，杰克逊当着全城人的面枪决了他们，以儆效尤。其中一人是浸礼会的传教士，家中有9个孩子。他恳求杰克逊饶过他，但依然被一枪毙命。①

在呈交官方的报告中，杰克逊略去了海盗们提供枪支弹药促成战争胜利的环节。对于吉恩·拉斐特，他简要地提了几句表扬的话，至于吉恩在战略方面的贡献，他只用三言两语一笔带过。杰克逊的人生信条不允许他给予这样的罪犯分毫荣耀，即便他们完全配得上这份荣耀。

拉斐特在这个问题上始终没有原谅杰克逊。巴拉塔里亚海盗对于公平公正有着不一样的见解。

事实证明，尽管他们曾因超常目标携手并进，但这个目标却瞬如烟花。一旦目标达成或者发生了改变，那各方就不再有任何理由

---

① 不难想象，市民们怒不可遏。但更令人气愤的是，人们后来才知道，在执行枪决的5天前，和平协议就已签署生效。只不过信使未能及时从华盛顿赶过来。这件事在数年后被新闻媒体披露，差一点成了杰克逊竞选总统的一块绊脚石。如果他真的因此而落败，那也是咎由自取。

去继续倾力相助。因此，以共同敌人为基础建立起的合作关系并不长久，它会随着敌人的消失而终结。之后，双方往往会再度陷入剑拔弩张的局面。

在新奥尔良战役中，一群来自不同背景的人一度成了合作伙伴。可待到目标实现，凝聚他们的那股力量就不复存在了。

此役爆发125年之后，美国人和英国人又一次因为共同的敌人站在了一起。为了制止阿道夫·希特勒的暴行，他们与苏联人一道，再一次为了一个超常目标而共同奋斗。然而，粉碎纳粹势力之后，美国与苏联之间又开始互相猜忌起来。有趣的是，美英之间的关系却未受影响，它们形成了稳定而长期的联盟。两国之间的友好程度与日俱增，共同抗击纳粹的那段经历成了促进它们彼此关系的黏合剂。

究其根本，倒不是因为英美两国说同一种语言或是来自同一个血统（英国人总是瞧不起美国人的口音，而美国人中的大多数也并非是英国血统）。很多历史学家认为，这两个国家之间存在着某种共性：一套相同的价值观。而这恰恰是苏联有别于它们之处。

在宗教、道德伦理、执政原则等问题上，英美双方的观念大抵相同。当消灭希特勒这一超常目标摆在面前时，它们发现了彼此间的许多共性，因而紧密地团结在一起。

在商业领域中，此类事例比比皆是。研究人员吉姆·柯林斯和杰里·波拉斯指出，成功的企业都会推广一套"硬性"价值观，员工必须遵守，否则就得另谋出路。"这样的氛围使员工变得相当高产，工作中也热情饱满。"内梅特博士写道。同奉一套价值观的公司往往能更快更高效地凝聚人心。研究表明，这一类公司经营失误的可能性较低，业务往来通常能保持在一个稳定的水平上。

正如我们所见，共同的目标会让大家走到一起。但是，在度过危局之后，如何才能避免离心离德？彼时，起决定作用的将不再是共同的目标，而是共同的信念。

而事实证明，以上观点也不完全正确。嗯，这还真是个大问题。

* * *

新奥尔良战役中结局最悲惨的莫过于英军第 93 团。这支队伍由 1 100 个苏格兰人组成，他们以替国家效力为荣，个个身高都在 6 英尺以上，看上去令人生畏。这些士兵身穿格纹图案的呢制裤装，会严格地按照风笛的曲调列队前进。

他们其实都是些大男孩，奉国王之命投身军中。他们被告知，只要竭尽全力效命于王室，就定能得到丰厚的回报。

英国军队一贯以纪律严明而闻名。军队内部奉行高度一致的价值观：无所畏惧的勇气，无可置疑的忠诚，无可挑剔的服从。军令如山倒，军人们绝不能有一丝一毫的怀疑和逃避。

在新奥尔良战役的最后总攻阶段，第 93 团的团长中弹身亡，此前不久他刚刚发出停止前进的命令。整支队伍听命停了下来，像一尊尊塑像般笔直地杵在杰克逊设下的防御工事前，老老实实地等待着下一道命令。除非接到其他指令，否则他们只会乖乖地"停下来"。

杰克逊的手下对着这些苏格兰士兵大开杀戒。他们炮弹连发，把这些呆鹅一样的士兵打成了筛子。直到差不多一多半人被打死后，才有一个人大喊了一声"撤"。

内梅特博士在研究中指出，一个组织若是要求其成员严格奉行同一套价值观，那么尽管组织内部的稳定性会有所提升，但巨大的隐患也会因之而生。它会适得其反。要求越严格，造成灾难性后果的可能性就越大。"实际上，"内梅特博士写道，"有证据表明，这种'群体化思维'极不利于激发个体的创造力。"

她指出，相同的价值观更容易让我们以相同的方式去思考，从而忽略了对群体决策的质疑。大家会逐渐向着同一个思维视角靠拢。这样的结果有助于维系稳定和谐，却无益于解决问题。它会把整个队伍从"可行区间"中拖拽出来，让队伍停滞不前。

为了规避这种情况，一些机构将"创造力"和"冒险精神"等要素也融进了价值体系。但有数据表明，这样的措施并没有多大作用。当团体成员拥有大量相同的文化特质时，那么一旦找到了某个问题的解决办法，他们就会停手，不会再去探寻更好的办法。但是，内梅特博士同样指出，"仅凭良好的意愿和辛苦的付出并不一定能催生创造力"。

就像我们从苏格兰士兵的悲惨遭遇中看到的，严格奉行同一套标准通常并不能让人们顺利地解决问题。

根据南加州大学沃伦·本尼斯教授的研究，在要求员工严格遵守企业文化的美国公司里，约有70%的员工会在与老板意见相左时保持沉默。换言之，让所有人严格奉行同一套价值标准，这样的要求会引发组织沉默。

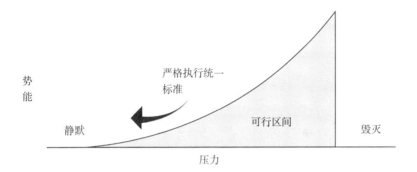

纵观前文我们可以看出，创新团队需要多样化视角，需要对多样化视角审慎甄别，合理融通。而多样化视角往往意味着多样化的价值观。[①] 当然，如果价值观完全不同，就像杰克逊和拉斐特，那么这样的团队也难以长久。

既然如此，我们是不是要得出一个结论：创新团队注定是昙花一现？

可喜的是，答案是否定的。在"同一目标"和"同一价值观"这两个要素之外，创新团队还需要些别的东西。

---

① 即便奉行统一而严格的价值标准，但明智的团队都清楚一点：若要突破现状，就得允许人们偶尔打破禁忌。以犹太教为例，当出于挽救生命的目的而采取行动时，你有权违背任何一条教义。

为了给大家揭开谜团，我们先来说说另一群海盗。这些海盗碰巧都只有 12 岁。

5

1954 年，社会心理学领域的先驱人物穆扎夫·谢利夫进行了一项有趣的实验。

他和同事开办了一个为期三周的夏令营，接收对象是来自俄克拉荷马州的一群 12 岁男孩。夏令营设在罗伯斯岩洞，那里是传奇人物杰西·詹姆斯的一处林中藏身处，闻名遐迩。谢利夫将孩子们分成两组，每组 11 人。第一周的时候，两组各自在林中做饭、散步、嬉戏，双方都不知道彼此的存在。他们分别有了自己的领头人，也分别定下了队伍的名号，一支叫响尾蛇队，另一支叫老鹰队。

接着，在研究人员的安排下，这些孩子慢慢发现了另一支队伍的存在。他们之间的对立关系很快就明朗起来。例如，响尾蛇队在听到老鹰队打棒球时，他们会嘀咕抱怨，管对方叫"笨蛋"，老鹰队则会反过来骂他们是"臭虫"。①

为了进一步激起他们的对立情绪，营地指导老师还安排两队进行拔河、足球比赛。很快，他们就开始偷拿对方的物品，开始互扔

---

① 这在当时是相当恶毒的字眼！

垃圾。

诸如此类的团体动力会造成人们的"知觉扭曲"。谢利夫是最早注意到这一现象的学者之一。据他观察，当人们意识到另一个独特群体的存在时，仅凭这一点就足以让他们产生偏见。他的研究为如今我们所熟知的"内团体"和"外团体"心理学奠定了前期基础。

当出现"知觉扭曲"时，同一团体内成员间的差异会被低估甚至被忽略不计。"同组成员似乎表现出了不切实际的相似性，和进入这一小组之前相比，他们之间的共性大大增加了。"心理学家塞缪尔·盖特纳和约翰·多维迪欧写道。与此同时，他们与外团体成员的差异也被夸大到离谱的地步。"积极的行动和良好的结果更容易被归功于内团体成员而非外团体成员稳定的人格特质；"他们写道，"相反，不良的后果则更可能被归咎于外团体成员而非内团体成员的人格特质。"

听起来是不是有点像种族歧视、性别歧视，或者是其他任何一种歧视？的确是。

这恰恰是老鹰队和响尾蛇队所处的局面。没过多久，男孩们开始拿起棍子、拍子，还有装满石块的袜子在营地中出没。互殴和夺食大战频频发生。

再往后，营地老师故意弄坏了水管，大家都没水喝了。老师们说，有可能是供水总管的某个地方漏水了，他们需要所有人一起动手来解决这个问题。

男孩们跟着各自的队伍动身了。不出老师的预料，他们最终都在山顶处的水箱那里发现了问题。

为了修复水箱，两组分别派出了几个男孩。修好后，大家欢呼雀跃，没有人因为谁先来喝第一口水而发生争执。但是，在返回营地的途中，两支队伍依然是各走各的。

截至目前，一切都很理想。研究人员当时一定会这样想，而且一边想一边还会像时髦的吉恩·拉斐特那样得意地摸着小胡子。

接着，营地老师告诉男孩们要请他们看电影，电影的名字叫《珍宝岛战役》，但是钱不够，还差 15 美元。虽然老鹰队有两名成员已经先行回家，两队的人数不再相等，但是男孩们都同意每队拿出 7.5 美元补齐差额，好让大家心满意足地看成电影。这一刻，为了实现"看电影"这一超级目标，男孩们学会了合作。

之后，大家又去湖边探了一次险。其间，负责运输食物的卡车"发动不起来"了。每个人都饥肠辘辘。于是他们决定，用拔河的绳子拉动卡车，好让车"动起来"。车内的引擎故障原本就是带队老师伪造的，所以车子被拖拽之后真的动了起来。看到卡车恢复正常，孩子们欢呼不已。"我们在拔河中赢了卡车！"他们兴奋地拍打着彼此的后背，并且在事后排队等餐时再也没有按组分开站。

这是一个重要的转折点。孩子们说话时开始用"我们"来指代所有人，而不是仅仅指自己这一组。

研究人员称这一阶段为"组别清除和组别重建"。当孩子们为同一个目标努力时，他们开始重新审视对方，开始将对方作为个体来看待，这使得原有的组间差异被打破。原来响尾蛇队没那么坏！老鹰队也没那么糟!

而这一阶段让男孩们意识到，两个小组其实都是一个更大团体的构成部分，一个超越了组别的团体。

鉴于此，接下来发生的事情就颇为重要。在这个大团体中，男孩们开始进行研究人员所说的"分化"。他们逐渐看到了每一个个体的优势，比如有的男孩擅长切肉；也逐渐发现了每一个小组的特长，比如哪个组能教给大家许多有趣的营地歌曲。

这使得他们"开始以赞赏的眼光去发现小组间更多的差异"。这些差异没有被看作麻烦，反而被当成了这个组的特色。至此，男孩们不光找到了共同的目标，看到了彼此间更多的长处，而且，开始尊重对方。

野营活动接近尾声时，这些男孩依然是以老鹰队和响尾蛇队自居，但他们已经将彼此看作同在一个大集体中的两个小分支，而每个人都是大集体中的一员。"最后一天，大家在吃早饭、吃午饭以及乘坐大巴车返回俄克拉荷马的时候，再也没有按照早先的组别刻意地分开坐，"研究人员注意到，"孩子们紧挨彼此围坐在大巴车的前半截，齐声唱着《俄克拉荷马》。"

从这些征服过罗伯斯岩洞的孩子们身上，我们再一次见证了超常目标是如何凝聚人心的。为了实现目标，获得最终成功，我们有必要打破不同群组之间的壁垒，将所有人当作一个更大集体中的成员来看待。

营地的这些孩子有某些共同的信念，比如游戏中要轮流坐庄，不能耍赖。可他们并非在每件事情上都能保持一致。但这并不重要，重要的是，他们学会了尊重对方，学会了既承认对方的身份，又能将彼此当成是服务于更高目标的合作伙伴。

安德鲁·杰克逊对吉恩·拉斐特及其手下的海盗缺乏尊重，对于乔克托人和自由黑人亦如此，他不认为这些人同他一样都是美国人，反而视之为外团体成员。尽管这些人能抵一时之用，能助他实现目标，但始终不会被他接纳为内团体成员。正因如此，他们才会在战争结束后分道扬镳。

6

电影《火箭手》里的一个片段是我儿时的最爱。影片接近尾声时，警方和一群犯罪分子展开了枪战。这些犯罪分子效力于提摩西·达尔顿——片中的大反派。他的真实身份是纳粹党徒，作恶多端。在手下马仔狙击警察的当儿，他趁机逃进了一艘巨大的飞船。

飞船缓缓起飞，一面纳粹党的巨幅党旗在船上渐渐展开。

犯罪分子头目叫艾迪·瓦伦丁。看见这面旗子时，他愣住了。他看了看刚刚被自己开枪射中的警察……然后，转身将冲锋枪对准了那个纳粹分子。"可能我赚的每一分钱都不干净，"他大声说，"但我是个地地道道的美国人。我决不会为该死的纳粹卖命。"剧情出现了大反转，歹徒和警察突然间结成了联盟。

歹徒和警察自然不会有相同的价值观，也不会有相同的目标，但当陷入危急关头时，同是美国人这一身份将他们连在了一起。此时，作为内团体成员的美国人必须取得胜利便成了瓦伦丁的更高目标，比起为纳粹分子达尔顿效力，前者无疑重要得多。

正如前文所说，内团体心理之所以存在，是因为它能让人们正确分辨对方的意图，知道哪些人可信，哪些人不可信。这种心理能带给人安全感，能使人们敢于为了实现进步而去冒险。当《火箭手》中的警察和歹徒按照"都是美国人"这个标准来重新定义自己的身份时，他们会乐于将信任交付对方，以诚相待。

至于创新团队，在涉及此类信任时，有一个重要问题值得注意。信任一个人的能力是一回事，这一点无关乎内团体或者外团体，但信任一个人的意图——就像最出色的团队所做的那样——却是另一回事，它往往会发挥出巨大的威力。当我们对某个人的意图深信不疑时，他的不同之处——不同的信念、不同时段的不同目标，甚至是他犯下的错——会突然变得不那么重要。我们会尊重对方，因而在面对认知摩擦时，不至因斤斤计较而不欢而散。我们可以自由地表达不同观点，或是纠正对方的观点，因为大家考虑问题的出发点是相同的：我知道你不是针对我。

* * *

乍看起来，这一章似乎给读者抛出了一个难题。严格奉行同一价值观会促进团队合作，但研究表明，这一做法又会使团队形成有害的群体思维。我们还在本章中看到，不同的小团体若要凝聚成一个为宏大目标奋斗的大团体，那么彼此间的尊重将是至关重要的。

实际上，假如回想一下前文中探讨过的事例，大家会发现书中每一章所呈现的案例都是为了说明创新团队的必备要素。警界拍档的故事让我们了解到人员差异的重要性。"武当派"的经历证明了坦诚相待才能出成果。卡罗尔·瓦隆教会我们如何通过游戏来取得更好的结果。内莉·布莱让我们看到引发公愤有多么重要。马克·提根和马列维奇则让我们意识到永不停歇的好奇心会带来多么大的回报。而在本章中，我们又看到伟大团队中的彼此尊重为什么必不可少。

讲完这一切，本章那个难题的答案实际上已浮出水面，那就是：并非所有要素都同等重要。团队中应该接纳不同的人和不同的观点，这样的价值观是我们希望人人皆有的。除此之外，其他的那些价值观并不需要每个人都奉行不悖——实际上，若是我们在过多的问题上保持了一致，那就说明眼下的这个圈子太小，是时候扩大了。

此外，当一些组织机构谈及自己的价值观时，往往把价值观和实际行动混为一谈。诸如"顾客永远是对的""简化过程""找到平衡点"等口号仅停留在策略层面和操作层面，不属于价值观的范畴。多数时候，这些策略和做法的确行之有效，可一旦人们紧扣字眼生搬硬套，杜绝不同意见的出现，那这个公司将岌岌可危。它们有助于员工团结奋进，但也会阻碍公司的进一步发展。

也可以说，创新团队就像一个家。家庭成员之间不一定总能保持一致。有些人可能在成长过程中并没有形成相同的价值观。有些家庭也总会出一两个败家子。但是，在一个和谐的家庭内部，会有一种凌驾于个体差异之上的纽带将大家紧密联结。每个成员都会受家庭传统的影响而相聚在一起，既亲密无间，又不失个性。而这，正如体育专栏作家比尔·西蒙斯所言，有助于构建一种"不自私的文化"。[①] 就像红色军团的冰球运动员一样，一个既能服从安排又能做出积极贡献的成员更容易将团队成就放在个人成就之前。

无论何时遭遇挑战，这样的一支队伍都能采取有效措施，灵活应对，就像俄罗斯五人组、"武当派"，或是平克顿手下的侦探那样。

搭建创新团队还缺最后一个要素。我们在书中已经间接提到过它。伟大团队中的个体成员也必须借助它来调控自己的势能。在本书的最后两章中，我将为大家细细道来。

---

① 现代政治领域存在一个严重的问题，这个问题并非源于不同的价值观，而是因为我们缺乏对彼此的尊重。究其原因，是因为我们没有发现不同价值观带给我们的好处，没有意识到正是它将我们凝聚在了一起。乔治·华盛顿在总统离职演讲中正是就这一点发出了警告。他痛恨"政治团体"这种提法，因为它割裂了人们的身份，使人们轻易地忘记了自己原本是站在同一个立场上的。

第七章

马尔科姆改变了立场
如何提升思想开明度

"它迫使我……放弃了自己以前的观点。"

1

马尔科姆·里特尔 4 岁的时候，白人至上主义者放火烧了他的家。

那是 1929 年。之前，他们在密歇根州兰辛市的家刚刚被 3K 党成员砸坏了玻璃，对方扬言如果他们一家不搬出这个地区，将遭到更严重的报复。他们没有照做，不料想厄运果真降临了。

当地警方没有去抓捕纵火犯，反而把里特尔的父亲扣押起来，怀疑是他"自己放的火"。最后，因证据不足，法官将他无罪释放。

时隔不久，他父亲又遭遇了车祸，不治身亡。警方将这起事件定性为交通事故。可是据当地目击者说，是 3K 党成员把他父亲推向了疾驰而来的电车。

家里的经济支柱倒了，面对大大小小 7 个孩子，他母亲濒临崩溃。待到里特尔十多岁时，她已经神志失常，被送进了精神病院。

在学校，里特尔对老师说他将来想当一名律师。在这个问题上，种族歧视依然不肯放过他。"你要现实些，因为你是个黑人。"英文老师这样对他说，"当律师？这个想法太不实际了，干吗不试试去做一个木匠？"

一气之下，里特尔辍学去了波士顿，投奔他同母异父的姐姐。这个姐姐曾面临过若干次刑事指控，之后，她和母亲一样，也因精神病发被送进了医院。

里特尔很快染上了毒瘾。他不光吸毒，还自己兜售毒品。为了买毒品，又开始偷东西。19岁那年，他在偷表的时候被抓，以抢劫罪名被送上了法庭。

这一次，他的白人女友出庭做证背叛了他。法官对他处以重罚，原因是，正如控词所言，"你不应招惹白人女性"。自此，里特尔恨上了所有白人，他有6~8年的时间，让这种仇恨在联邦监狱里不断生长。

狱中的第一年，里特尔表现得很暴躁，也拒绝合作。由于他整天满嘴脏话，其他犯人给他取了个外号，叫"撒旦"。他是个瘾君子，当无法像从前那样依靠毒品体验飘飘欲仙的感觉时，他开始用肉豆蔻来替代。高浓度的肉豆蔻能够产生一种与大麻相似的效果。他就这样整天活在仇恨中（也活在肉豆蔻中）。

一个叫本布里的年长的犯人对里特尔多有关照。他告诉里特尔，要想减刑，就得提高自己的文化水平。里特尔对本布里有着一种父亲般的情感，这个建议他听进去了。接着，他报名参加了函授课程，开始读书，背单词，写信件。而且，让狱卒惊讶的是，他不再骂人了。

就是在这一阶段，里特尔与一个小型新兴宗教组织①的领袖建立了通信联系。他的兄弟姐妹刚刚加入这个组织。该组织宣扬的思想与伊斯兰教不谋而合。它号召人们不吃猪肉，不喝酒，远离婚外性行为，并且在其他一些方面实行严格的自我约束。但是，由于观点新奇，又缺乏奉穆罕默德为先知之类的基本教义，主流穆斯林们拒绝承认它的合法性。当然，里特尔对于这一切无从得知，他仅仅是被该组织头领的那套说辞所吸引。头领名叫以利亚·普勒，他宣称自己从真主那里得知了有关白种人的真相。

据他所言，在数千年前，地球上全都是黑种人。一个名叫叶尔孤白的先知为了进行某种太初世纪的科学实验，专门造出了白人。以利亚告诉众人，那些白人及其繁衍至今的后代子孙统统是恶魔。

刚开始，里特尔觉得这个说法并不可信。白种人也曾用类似的套路刻画过黑人，奴隶制以及针对黑人的种族歧视正是在此基础上持续存在了数百年。②

然而，里特尔越是回想他此前的经历，就越是清楚地意识到，在短短的前半生中，他所遇到的每一个白人都不曾善待过他。他突然明白了，所有白人都是恶魔。

---

① 为里特尔撰写传记的作者曼宁·马拉布尔以及其他一些学者都将早期的这一组织称为"邪教"。所谓"邪教"，是指以某一个体为核心、严格遵守内团体规则、对异己分子低容忍的非主流宗教社团。而且，这些团体内部的成员多少有些吓人。

② 根据《旧约·创世记》中的一段文字记载，挪亚对他犯错的孙子迦南施下咒语，让他变成了黑皮肤。如今，这个典故在以利亚口中改头换面，白人反倒成了被施咒的对象。

就这样，他成了以利亚的信徒，并且很快就开始发展其他追随者。他将所有时间都用在研读宗教典籍上。他尤其善于宣扬白人至上主义的谬误和黑人至上主义的正确。

1952 年，里特尔获得假释后去了底特律，干起了牧师这一行。他就像是获得了重生。"我猜没有人能像我这样因为坐牢而收获如此之多，"他说，"我完全醒悟了。"

伴随着思想的新生，他把名字也换成了新的。

他改名为马尔科姆 X。

首领以利亚自称是真主安拉的忠实信使，称自己曾见过真主的真容，接受了真主交付的使命，要担任重建的"伊斯兰国"至高无上的领导者。以利亚领导下的这个"国家"有 400 名追随者，他们必须严格遵守教规，还得定期为组织捐赠财物。

X 在狱中练就了出众的演讲技能。他知道，叶尔孤白的那个传说很有吸引力，但是随着布道的深入，他越来越多地将重心放在了另一条教义上，这条教义同时也是风起云涌的黑人穆斯林运动的核心思想：黑人要自己尊重自己。

这一理念在非裔美国男性中得到了格外多的共鸣。它为许许多多身处底层的黑人男性带来了一丝希望。

遗憾的是，在当时，这个"伊斯兰国"的教义与军事暴力观不谋而合，且抵制一切倡导种族融合的人或事。而且，它还带有浓重的性别歧视色彩。种种因素使得这个组织与美国南部如火如荼进行着的民权运动背道而驰。

X 在布道中融入的这种新鲜元素让"伊斯兰国"的追随者们看到了希望。很快，被他吸引的听众人数就超过了以利亚的听众。

凭借这番布道的功夫，X 让"伊斯兰国"在一年内增加了 1 000 名成员。没隔多久，又达到了每月增加 1 000 人的速度。他先后在波士顿、纽约、费城建立了分会。不知不觉间，他已经开始给 4 000 人同时做宣讲了。

以利亚的银行账户也在不断充实着。先是在芝加哥，继而在亚利桑那州，他分别买下了两座豪宅。

小团体羽翼渐丰，变成了一个影响力甚广的宗教门派，同时也演变成了一支准军事力量。一夜之间，自愿加入 X 旗下的人蜂拥而至。他们接受空手道训练，任何胆敢忤逆以利亚的团体内成员都会受到他们严苛的惩罚。

局面渐渐失去了控制。"伊斯兰国"想要拥有自己的地盘，想要从美国手中夺过几个州。或者，更理想的结果是，占据非洲的部分领土，然后在那儿独霸一方。X 在布道中呼吁黑人兄弟要"自己说了算"，要以暴力形式对抗白人政府，要和白人划清界限。他公开反对马丁·路德·金博士在美国南部推行的非暴力民权运动，谴责金博士是白人恶魔手中的傀儡。在他的布道词中，犹太人和基督徒都被贴上了邪恶的标签，女性则是弱者的代名词。

在金博士及其同道中人大力推进种族平等和种族融合的同时，X 和他的"伊斯兰国"却在为着相反的目标而谋划。他们与美国 3K 党和纳粹党结成同盟，希望能实现三方的共同目标：让白人和黑人各自为政，老死不相往来。X 和金博士一派不同，他不相信白人对黑人的仇恨能烟消云散。假如白人生来就是恶魔，那又怎么可能弃恶从善？

随着 X 出头露面的机会日益增多，他与巴亚德·拉斯廷也发生过几次正面交锋。对方是金博士手下民权运动组织的核心成员，大家可能还记得他在第四章里露过面。尽管二人都在为黑人权利而战，但他们实则分别代表着 20 世纪中叶两个完全对立的思想阵营：一边是推崇种族融合甚至社会主义的自由派，另一边是呼吁黑人自治、倡导建立黑人独立王国的保守派。"伊斯兰国"的好战观点已经走向了极右的那一端，对战几乎是一触即发了。

辩论中，拉斯廷为非暴力革命振臂高呼，而 X 却正好相反。"我们不会再继续忍受下去。"他说。1963 年，华盛顿爆发了著名的民权游行，X 非但没有参与，还大唱反调，说游行是在浪费时间。他认为，不动一枪一炮的和平示威正中了白人的下怀。

当 121 个白人在巴黎的一起坠机事故中丧生时，X 称之为"一个美好的时刻"。他把肯尼迪总统比作"监狱长"，把支持种族融合的美国白人比作"毒蛇"。肯尼迪总统遇刺后，X 对新闻媒体说这是他虔诚祷告而来的结果。

为此，金博士以及其他民权运动倡导者向 X 发出了声讨。"马尔科姆 X 对白人的敌对情绪不代表我们的立场，"金博士宣称，"尽管在黑人社区内部存在一些不满和愤懑，但这些情绪大都停留在合法且正当的层面，从未演变成大规模的仇恨。"

就这样，黑人民权运动的领导者与 X 彻底划清了界限。白人领导者对他也心生畏惧。纳粹党的党徒频繁出现在 X 的集会场所，声援他的种族分裂计划。他成了联邦调查局的监控对象。愤怒的黑人至上主义者依然在源源不断地加入"伊斯兰国"，他们的日常功课就是练习射击和空手道。

接下来发生的事情大大出乎人们的意料。

X 离开组织外出了一段时间，回来后，他就像换了一个人。

"我们不该拿肤色来衡量一个人，"马尔科姆在一次访谈中这样说道，"我们应该拿一个人在意识清醒状态下的行为和表现来衡量他。"

什么？

他的追随者们迷惑了。开玩笑吗？还是在虚晃一枪？

都不是。X 自己澄清了谜团。"我决定，要以毫不妥协的立场，反对任何形式的种族分裂和种族歧视。"

难道是这个曾经的种族分裂主义者接过了民权运动中象征融合的火炬？难道他要加入拉斯廷和金博士？这不可能是真的。

追随者们期待他说一声"不过是句玩笑话"。然而 X 却始终在表达诸如此类的观点："我相信，以平等为基础，人人都能有尊严地生活在同一个社会里。"

两派成员都蒙了。是什么改造了他？那个满腔愤慨的布道者，那个号召众人要用黑人至上主义打败白人至上主义的牧师去哪儿了？

曾经的那个他一去不复返了。X 改弦更张，举起了"黑人种族主义者"的旗帜。他甚至提出，组织内的女性应该与男性享有同等的权利。他退出了"伊斯兰国"，变成了一个逊尼派穆斯林。他声称："要由基督徒、犹太教徒、佛教徒、印度教徒、不可知论者以及无神论者等方方面面共同来构建一个人类大家庭。"他说，若要为被压迫的黑人种族建立一个新世界，所有人都得一条心。

转变信仰后，X 开始撰写一些报刊文章，题目大抵如此："种族主义：美国社会的痛疽"。他告诉报界，"我不支持暴力"。他还有一个让人瞠目的观点："爱或者不爱都是个人自由，他人无权干涉。"

访谈中，X 对自己过去的所作所为表达了忏悔之情。"记得有一次，一个白人女大学生走进了一家餐厅——她想让穆斯林和白人友好共处。我告诉她别痴心妄想，结果她哭着跑掉了。"他对一家地方报纸的记者这样说，"为此我一直很后悔……真的很抱歉。"

马尔科姆 X 的转变称得上彻头彻尾，"伊斯兰国"的领导层因之而遭受重创。鉴于此，当以下消息传来时，并没有太多人感到意外。1965 年 2 月 21 日下午，X 在纽约哈莱姆的奥德邦剧院演讲时，一个坐在前排的男子起身掏枪击中了他。

2

即便知道性命有可能不保，却依然和曾经坚守的旧观念一刀两断，这是为什么？大多数人在低风险的情境下都很难做到这一点，这又是为什么？

在解读团队成功秘籍的过程中，这也许是我们所面临的一个最重大的问题。团队由个体构成，为了让这些个体凝聚成团，在"可行区间"内取得进步，我们需要让每一个人都心甘情愿地接纳不同见解，适时做出调整，因为大家的视角和经验法则都不一样。若是想携手并进，实现突破，那我们就必须具备这样的弹性。不论我们原本有多么优秀，如果拒绝在必要的时刻做出改变，那还不如去当个孤家寡人。

但是，人类该如何抵达这种思想开明的境界？

洛约拉马利蒙特大学的哲学教授杰森·贝尔对"开明"一词做了如下定义：思想开明的人往往会本着接纳或是借鉴的心态去看待不同视角中的长处和优点，并愿意为此跳出自己的认知局限。

威廉姆·海尔博士是该研究领域的领军学者之一，他对"开明"一词有着不同的见解。"开明意味着对不同观点进行批判性吸收，"他说，"意味着在已经形成个人观点的前提下，愿意重新去思考问题，并且会竭力避免陷入那些会制约或者影响个人反思的局面。"

"开明"并不是嵌在你大脑中的某个装置，无法靠科学仪器来识别。而且，在开展另一项调查时（稍后会详细介绍）我还发现，人们并不擅长判断自身的开明程度。98% 的调查对象断言自己的开明程度要高于平均水平。但很显然，这个判断并不准确。

近几十年来，心理学家一直在用"大五人格测试"这个优质工具来测量一个人的开明程度。测量量表中包含"我有丰富的想象力""我的想法很出彩"等问题。思想开明的人往往会对上述问题做出肯定回答，但其他人也是如此。保持开明意味着愿意接收新信息，而不是彻底改变自己的想法。你愿意尝试一种新口味的冰激凌，这与你放弃种族主义立场或者更改商业策略是两回事。

这种衡量开明程度的常规人格测试，无法解释马尔科姆 X 在后期的改变，也无法解释为什么有些人——无论是在政治领域还是在宗教领域——始终不肯放弃自己的观点。X 愿意和持不同意见的对手正面辩论，比如巴亚德·拉斯廷。但是这样的辩论尽管进行过很多次，却未能影响他的立场。真正起作用的，是别的因素。

让我们先来回想一下马尔科姆那一次指数级的巨变。他曾经是个崇尚暴力革命和种族分裂的牧师，后来却站在了种族至上论、暴力革命以及首领以利亚的对立面。这三个因素曾经是他人格板块中的组件，正是在它们的影响下，X 熬过了狱中的艰难时日，并且应对了白人种族主义者对他和他的家人所施的暴行。可以说，他因此才活了下来。

这绝不仅仅是一个换换冰激凌口味的简单改变。他实际上背弃了曾经的人生观，从一个支持种族分裂的暴力保守主义者蜕变成了推进种族融合的和平缔造者。曾经的他对民权运动嗤之以鼻，后来的他变成了民权组织中必不可少的关键人物。

假如"大五人格测试"不足以准确衡量这种类型的"开明"，那又该如何解释它？

我们可以从心理学术语"智力谦逊"中得窥一斑。根据心理学家的定义，智力谦逊是指"一个人能够认识到自己在认知方面的局限"。它能使我们在转变观念的同时又不至于行为失常。最关键的是，我们可以衡量它。

正如培普丹大学的伊丽莎白·克鲁姆雷-曼库索博士和史蒂芬·罗

斯博士所言，"当面临认知冲突时，智力谦逊程度较高的人能够妥善处理，能够在坚决杜绝不同观点和轻易接受不同观点这两个极端之间找到平衡"。2016 年，二人推出了智力谦逊评价工具，实现了这一研究领域的重大突破。

事实证明，在 IH（智力谦逊）评价体系中，得分居高的那些项目都与开放性思维有关联：愿意更改重大决策，好奇心强，歧义容忍度高，不独断专行，不以宗教信仰为指标评价他人，不因别人改变态度而肆意诋毁，更善于发现证据的有效性。[①]

说到底，智力谦逊能让你保持理性思考。

一个让人为之一振的说法：接受不同观点，不去妄议他人。智力谦逊并不是简单地赋予你做出改变的能力，而是说在你需要改变的时候，它能让你更容易做出正确的判断。

鉴于我们已经找到了衡量"开明"的工具，那接下来的重要问题是，我们该如何变得更开明？

3

《圣经·新约》中有一个名叫扫罗的宗教信徒，他思想激进，早先曾以迫害并抓捕耶稣的追随者为己任，直至后来的某一天，他的

---

① 读者可点击链接 shanesnow.com/dreamteams/ih 获取 IH 测试工具。

信仰发生了翻天覆地的变化。在去往大马士革的途中，他蒙受了耶稣的召唤。

自此之后，曾经站在基督教对立面的扫罗改头换面，变成了基督教的虔诚使徒保罗。保罗将余生都用在宣扬这个曾被他不屑一顾的宗教上。《新约》中有一半的内容都与他有关。

让马尔科姆 X 改变主张的，并不是神的召唤，他只是看见了天堂的样子。

1964 年，X 陷入了进退两难的境地。他发现，先知以利亚在亵渎手中的权力。他养了一群情妇，至少有 6 个非婚生子女，并且还克扣教会成员的捐献以满足私欲。X 怀疑，以利亚根本就不是什么先知。

由于向其他牧师表达了自己的疑虑，再加上一些别的因素，他被以利亚停职了。停职期间，X 决定去实现一个长久以来一直萦绕心头的梦想——去麦加朝圣。

朝圣之旅异常艰辛。他得穿越沙特阿拉伯的沙漠地带，得严格遵守先知穆罕默德定下的规矩，以完成对易卜拉欣及其家人的献祭。来自世界各地难以计数的穆斯林会在朝圣之旅的终点聚合一处，在一片和谐氛围中齐声祷告。

这次经历让 X 深受触动。"不同肤色不同阶层的人们在伊斯兰教的召唤下聚在了一起，"他在日记中写道，"所有人都在无私分享，所有人都在倾其所能，倾其所有。"

他目睹了各种肤色的人是如何心存善念地对待他人，也看到了那些在美国被归入"白人"行列的人是如何"怀着兄弟情谊去真诚接纳他人"。他还看到，那些棕色皮肤、黑色皮肤的人聚在一起微笑祈祷，好像对彼此深有好感！ ①

见证这一切时，他的内心变得柔软起来。

无数研究表明，即便有确凿的证据摆在面前，人们也依然不会轻易放弃自己原有的信念。这是人们为了维系自我身份而一贯采取的态度。

但是，当我们离开生存之所，离开那个维系自我身份的原有领地之后，有趣的现象会随之而至。

哥伦比亚大学亚当·加林斯基博士及其同事开展的研究表明，在旅行途中，人们的想法更容易"变通"，人们解决问题的策略也更容易变得多样化，还能够"帮助人们克服功能性固着"。②

也就是说，在远离自己原来生活的区域之后，我们更容易对自己的既有观点进行重新审视。

这是为什么？我们的大脑在旅行途中究竟遭遇了什么？

在诅咒发誓时，人们觉得换一种语言似乎比用母语更能说得出口。华沙大学的一项研究显示，我们的母语与我们的自我身份之间存在着更多情感上的联结，在用其他语言表达时，这种联结会松动。

---

① 鉴于当时马尔科姆在公众心中的地位，他在朝圣之旅中享受了一些普通人没有的特殊待遇。但即便如此，整个朝圣过程还是相通的，因为依照规矩，所有人都需要在同一个地方去做相同的事。

② 变通的思维，常被称作"横向思维"，是我 2014 年出版的《出奇制胜》一书中探讨的主题。如有意了解请链接至 shanesnow.com/smartcuts if you're interested。

同样，当身处异地时，我们的思维方式与自我身份之间的联结也会变得不那么紧密。

这使得某些东西得以乘虚而入。

心理学中有一个概念，叫"平衡论"，它能解释我们为何会因为联想而对人和事产生喜好或是憎恶，也能解释为何在旅行过程中，我们会对一些重大问题改变看法。

平衡论指出，我们的大脑会排斥不一致性。当原有的平衡被打破时，大脑会及时做出调整，会让一切回归原位。

正如下图所示：

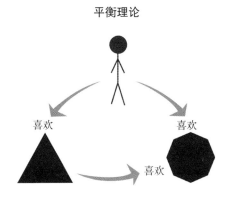

平衡理论

比如，在面对上面的图案时，你心中有两个声音。你既认为三角形不错，又觉得多边形也不错。而当你知道三角形也喜欢多边形时，你喜出望外，因为它们两个你都喜欢。如此一来，你的内心获得了平衡。

然而，假如你发现三角形讨厌多边形时，平衡就会被打破。由于三角形排斥多边形，所以你对它们二者很难做出公正评价。

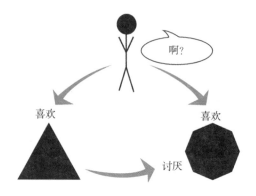

你的大脑会因之受到困扰，你只能在以下两条路中二选一，要么淘汰多边形，要么淘汰三角形。

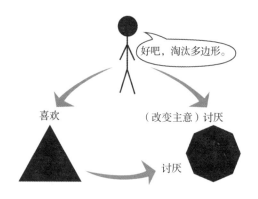

当我们身处异地、被另一种文化裹挟时，曾经坚守的信仰往往会遭遇挑战。我们会发现，之前用来维系内心平衡的那套观点好像有点站不住脚了。摆在我们面前的只有两个选择，一是重新找回平衡，二是和过去的一切恩断义绝。后者无疑困难重重。

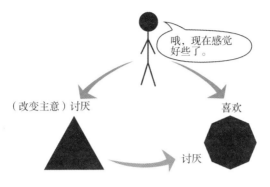

实验室研究表明，某些东西之所以让我们心存偏见——我们与之形成的一种消极联结，并不是因为我们对其进行了理性思考，而是因为大脑在拼命让这些东西与我们既有的观念体系保持一致。

举例来说，当心理学家请一群人进入房间，让他们就一个棘手问题，比如堕胎或者动物实验是否合乎伦理，分别列举正反两方面的论点时，人们总是能罗列出更多的论据来支持自己这一方的观点。但是，在研究人员给出相应提示之后，大部分人都能不费吹灰之力地想出新的论据来支持另一方的观点。"看来这些反辩观点似乎早就存储在人们的记忆库中，只不过在一开始并没有被唤醒。"宾夕法尼亚大学的研究人员这样写道。

在远离熟悉的环境外出旅行时，我们的大脑会卸载某个防御装置，正是这个装置让我们没能在此前客观审视自己的观念和信仰。

这会导致一连串的结果。鉴于在旅行时我们的自我意识会松懈，因此我们更容易在一些问题上改变主张。

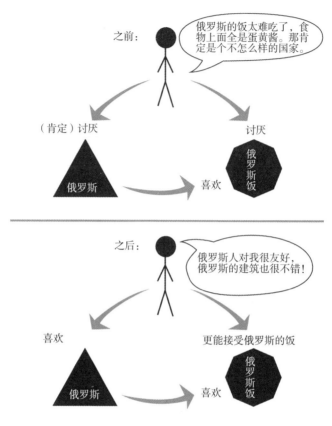

去陌生的地域走一走,那些大脑为维系平衡自动建立起来的联结将会被打破。旅行有助于我们淡化不同种族不同文化间的隔阂,有助于我们消除对个体的刻板印象,就像老鹰队和响尾蛇队在野营时化解矛盾的过程一样。

这正是马尔科姆 X 在抵达圣地麦加后获得顿悟的根本原因。

"我们同吃同住,用同一个餐盘进餐,用同一个杯子饮水,睡同一张床，盖同一张毯，对着同一个主祷告……这些穆斯林中有最纯正的白种人，他们的眸子蓝如星辰……平生头一次，我没有把他们当作'白人'来看待。"他写道，"这段经历促使我重新梳理了想法，曾经的一些执念被彻底放下了。"

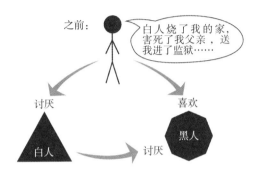

在与这么多善良的白人亲密相处之后，X 很难再执着于所有白人都是恶人的观点。他面前也只有两个选择，要么认定穆斯林是恶人，要么承认自己过去对白人的看法是错的。也就是说，他必须打破先前的平衡。

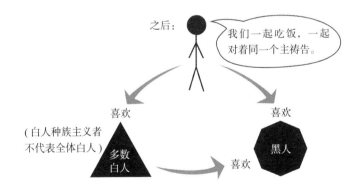

X 的女儿日后说:"他游历越多,感受到的自由就越多。我们都像是放下了枷锁。"

有关马尔科姆 X 伟大转变的介绍,似乎应该就此打住了。他和《圣经》典故中的扫罗一样,在游历途中看到了光。然而,2011 年普利策最佳传记奖得主马拉贝尔·曼宁(很遗憾,这位作者已经身故)却在书中指出了一个被多数人忽略的事实(有数据为证):独自旅行并不是导致思想观念发生转变的充分条件。对于马尔科姆而言,情况亦如此。

* * *

在马尔科姆从圣地麦加返回之后,时隔半个世纪,一个来自佛罗里达的青年白人男子也经历了相同的人生巨变,只不过他的路径恰好相反。

德雷克·布莱克是 3K 党头目唐·布莱克的教子,后者创立的 Stormfront 是当时规模最大的白人种族主义组织。早年间,德雷克曾深度参与到白人种族主义运动中,为其撰文造势,摇旗呐喊,想尽办法怂恿年轻人投身到种族分裂的阵营中来。19 岁时,德雷克就已经在白人种族主义者暗中支持的地方郡县选举中顺利胜出。之后,他开始网罗更多白人种族主义者,意欲和美国各地的种族融合势力对抗到底。在 3K 党以及其他一些组织眼中,他不光是个种族分裂主义者、反犹太分子、白人至上主义者,而且还像是某个蒙神谕降临人间的"选民"。

后来，他离开老家去上了大学。在学校，他开始和背景不同、信仰各异的同龄人打起了交道。他和一个严守教规的犹太人交上了朋友，对方还邀请他参加了安息日的晚宴。"他就是想让我看看犹太人的真实生活，以便我在继续唱起反犹太人的调子时，至少知道自己见过真正的犹太人。"在日后接受《纽约时报》专访时，布莱克这样回忆道。

而这之后，他的思想根基动摇了。

与不同文化、不同背景的人共处的这段经历打开了他的视野。他开始去认真面对之前他拒绝面对的东西，比如颠覆他信仰的那些事实。他曾坚信种族和智商有优劣高下之分，而事实证明这纯属伪科学。

"我的思想中出现了两个对立面，有时很难调和。"他说。但是，大脑的平衡功能拯救了布莱克，他改变了立场，很快就开始为曾经反对的东西充当代言人了。

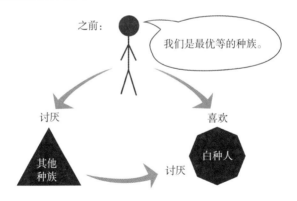

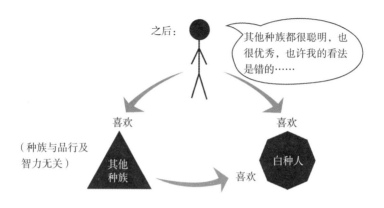

之后：

其他种族都很聪明，也很优秀，也许我的看法是错的……

喜欢

喜欢

（种族与品行及智力无关）

其他种族

白种人

喜欢

　　类似的故事很能鼓舞人心。当然，很多人即便去过麦加朝圣，即便远离家乡上过大学，也不一定会在人生方向上来个 180 度的大转弯。那么，在马尔科姆 X 和德雷克·布莱克改变立场的那一刻，究竟发生了什么？

　　2016 年，在克鲁姆雷-曼库索博士和劳斯博士的智力谦逊测试量表基础之上，我新添加了少量问题，以期能对上述疑惑一探究竟。[①] 我向美国国内的数千名被试发放了问卷，想研究一下开明程度不同的人是否会在生活方式上存在差异。

　　不出所料，研究结果显示，"经常外出旅行"与"智力谦逊"这两个因素之间存在高度的相关性。然而，研究结果还揭示出了相关性更高的另一组因素，这一发现有助于我们厘清一个问题：为什么有些人旅行之后会发生思想转变，而有些人旅行之后依然故我？

① 该测试工具在 shanesnow.com/dreamteams/om 上有列。

实际上，那些真正生活在异地的人比起那些仅仅到此一游的人更容易在智力谦逊水平上胜出一筹。比起走马观花般地游览 10 个国家，在异国他乡某一处生活 3~6 个月更能影响一个人的智力谦逊水平。

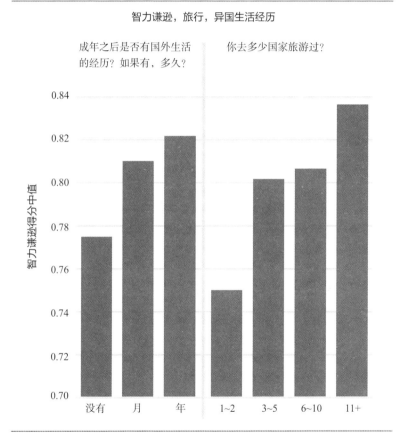

资料来源：shanesnow.com 2017 Survey of US Nationals。

这一结果进一步验证了其他研究在智力谦逊问题上得出的结论：以游客心态去国外短暂旅行无助于提升一个人的思想开明度，唯有融入异国文化才有可能变得更开明。（除非，如上图所示，你去过相当多的国家，这就意味着你的大部分时间是在本国文化以外的区域度过的）。旅行时，你不必非得品尝那里的食物，也不必非得接纳当地人的生活方式、表达习惯以及思维模式。但是，如果要在异国生活，你就只能对那里的一切保持开放心态，否则你会举步维艰。

加林斯基博士和他的同事发现，在基于项目的小组活动中，有过国外生活经历的研究生更容易跳出常规框架去解决问题。时尚设计师也是如此，在国外生活过的设计师更善于推出创意精彩的优秀作品。

在这个方面，我们姑且可以得出结论：思想开明的人早先可能都广泛游历过。然而，我的研究还反映出了一个很有意思的现象。并非所有智力谦逊水平高的人都曾在国外生活过，但是，在多个不同国家生活过的人几乎都在智力谦逊水平上获得了高分。

这也就是说，旅行本身并不是提高一个人思想开明度的唯一要素。关键在于这个人是否接触了"多元文化"，是否能将多种文化视角兼容并蓄，是否能在多种文化模式中取得平衡。

加林斯基博士及其同事提出了"双重文化者"概念，意思是，一个人同时认同两种文化。"比起单一文化背景的成员，双重文化者在任务实施过程中表现出了更多的流畅性、灵活性和创新性，并且更善于在工作中取得突破。"他们的例子充分证明，有着多重文化背景或是对两种以上的文化持认同态度的人更善于在实践中运用横向思维，也就是说，思想开明度更高。[1]

事实证明，当我们在思想上接纳多语言环境时，行动上也会变得更有开创性。

我并不是说真的要打开一个人的大脑一探究竟。但神经科学家已经发现，掌握多种语言的人在大脑构造上的确有别于他人。学会说一种以上的语言，这能让我们认识到表达的方式不仅有一种，我们从小到大所使用的那种表达方式可能不如别的方式精确。这会让我们大脑中的语言谦逊水平变高。语言学家加布里埃尔·霍根·布伦解释说："双语者左脑的顶叶皮质下区——大脑中负责语言功能、概念提炼、抽象思维的区域——在密度上超出了单语者的顶叶皮质下区，而且，随着个体语言水平的提升，其密度还会不断增加。"

大脑内部结构上的变化能增加我们对他人的情感认同，缓解我们害怕失去的心理，意味着理性渐渐战胜了本能，同时意味着在是否改变立场这个问题上，我们动用了更多的理性思考。我们对内心的平衡系统调整得越多，大脑的改变就越多，适应未来的能力就越强。

归根结底，智力谦逊程度取决于我们的认知多样性。

---

[1] 经济学人智库的信息显示，2/3 有着多元文化背景的商业团队在创新性上表现更突出。欧盟 DYLAN 项目也证明，由母语不同的成员组建而成的团队往往更乐于去解决问题。这一结论令人振奋，毕竟在"山岭问题"中，我们花费了大量时间去讨论多样性的重要作用。

$$* * *$$

在马尔科姆前往麦加朝圣之前，他的自我身份已经遭受了一次重创，他被原来的团队从核心位置上推了出去。而且他已经发现，以利亚似乎并不像他自己宣称的那样，是真主派来的无所不能的使者。

我们可以看出，在由一个毒贩子转变成布道者的早期经历中，X 已经具备了调整观点的能力。只是他的观点多年来冥顽不化，导致他对所有白人都抱着仇恨之心。

朝圣之旅慢慢消融了他的仇恨。但如果留意一下 X 在 1964 年及 1965 年的书信、访谈以及布道词，大家会发现，他是在朝圣结束去非洲生活 5 个月之后，思想才彻底发生了转变。

离开了圣地麦加，他先是回美国待了一段日子，对新想法做了些梳理，然后就动身去了加纳、埃及以及其他一些非洲国家，进一步丰富了自己的多元文化视角。正是在这些地方，他张开双臂毫无保留地拥抱了种族融合观。他意识到，争取平等不仅仅意味着争取民权，而是意味着争取人类应有的一切权利。

"中东和非洲的这两段经历极大地拓宽了他的视野。"马拉贝尔在马尔科姆 X 的传记中这样写道，"正是与非洲的这一次浪漫邂逅，正是非洲的美好、多样性和复杂性"促成了马尔科姆的最终转变。

X 自己说过，在"与数以千计把我当普通人平等对待的、来自不同种族、不同肤色的人共同生活之后"，他的种族观彻底改变了。

4

在马尔科姆·里特尔 39 岁那一年，他又一次经历了自己的家被种族主义者纵火焚烧的场面。但这次他并不感到意外。背离原有阵营，与"伊斯兰国"一刀两断，这势必招致危险，但他并不后悔。

与"伊斯兰国"决裂之前，X 就已经展现出了非凡的号召力。他曾利用人们对共同敌人的仇恨来吸引更多听众聆听他的演讲。后来，他又以演讲为平台，将"伊斯兰国"的价值观传播至广。

不幸的是，当他的信念发生改变后，他曾经的同盟也调转矛头指向了他。

家被烧毁，X 只得搬去宾馆。与逊尼派穆斯林对话后开建的清真寺依然在建，同时他还将更多的精力投入以促进人权为宗旨的非宗教机构上。正是在为此进行的一场公开演讲中，"伊斯兰国"的一伙信徒——可能与某些执法者暗中勾结，后者知道 X 转变了立场，但对他心有忌惮——当着 X 家人和朋友的面开枪打死了他。

记录马尔科姆 X 一生的传记后来达到了数以百万计的销量——尽管他皈依伊斯兰教正统的日子只在其生命旅程中占了极小的一段。（实际上，人们之所以热衷于了解他的一生，很大程度上是源于对其思想转变的好奇。）X 的思想对千万民众产生了深远影响，帮助一代又一代人更多地了解了种族主义、人权、非裔美国人的文化，以及数百年来被压迫被凌辱的那些人的心声。

尽管英年早逝，但 X 在推动民权运动的那支团队中功不可没。

这场运动需要 X 的多样化认知，需要他对待北方赤贫黑人的视角，需要他的自信和自我赋权意识，也需要他在鼓舞人心以及动员大众方面运用到的灵活方法。当这一切与和平主义者巴亚德·拉斯廷、雄辩的马丁·路德·金以及许许多多其他人的思维及认知方式发生交融后，民权运动取得了历史性的进展。

纵观此后的历史我们会发现，仅凭一支热衷于搞分裂的队伍的加入，民权运动还不足以取得成功。它需要将温和派、自由派以及保守派集结在一处。需要将这些不同派别的人与不同种族的人团结在一起，作为一个集体去战斗。它需要马尔科姆 X 在非洲之行中获得的那番顿悟。

"非裔美国人的最终目标不是分裂，也不是融合。"遇刺前不久在芝加哥市民歌剧院的一次演讲中他这样说道，"分裂和融合仅仅是帮助他们实现终极目标的手段，那就是，作为一个人得到应有的尊重。"

只有凭借这种尊重，人类社会中不同等级的人才会和谐共生。"真正的信仰，"X 游历途中在日记中写道，"是承认人类的大同。"

为了实现这个目标，X 需要让自己置身一个能让他发现真相的环境中：世界并不是 3K 党或者"伊斯兰国"所描画的那样非黑即白。

马丁·路德·金评价 X 的遇刺是"令人扼腕的悲剧"，这场悲剧让"全世界损失了一个有可能成为伟大领袖的人才"。

鉴于二人是多年的宿敌，如此高的评价着实让人意外。X 在人生后期褪去了原来的暴力色彩，变得有些像金博士，但 X 的态度要更加强硬一些。

意见相左的那些年里，金博士始终对 X 抱有敬意。随着时间的推进，金博士开始在 X 的影响下调整自己的部分观点。在其后期演讲中，他提出了保护"黑人自尊"这样的主张，这是民权运动鲜有涉及但 X 却极力推崇的一个重要概念。在金博士遇刺前不久，新闻记者戴维·哈波斯坦在报道中称"金的观点听起来像极了褪去暴力外衣的马尔科姆 X"。

作家詹姆斯·科尼说，马丁·路德·金进行的是一场政治革命，而马尔科拇进行的却是一场文化革命。这场文化革命最终影响了金博士的政治理念。"马尔科姆改变了黑人的自我认知。在他之前，我们都是黑鬼。在他之后，我们才意识到自己是人。"

X 的观念转变使他得以将民权运动的领导者向前推进了一小步，若不是他，对方难以迈出这一步。而促使 X 成为这样一个重要催化剂的，正是他曾踏上的那段思想启蒙之旅。

介绍马丁·路德·金和马尔科姆 X 的书籍与文章汗牛充栋，我们从中能很清楚地看出，两人都具有极高的智力谦逊水平。他们愿意在必要的情况下做出改变，予以接纳，或是保持稳定。凭借这份智力谦逊——外加马尔科姆 X 的助力，金博士在民众中凝心聚力，打造出了属于自己的完美团队，最终让民权法案顺利通过。

第八章

催产素与爱之火花

故事的力量

"说心里话，我恨他！"

1

当中村惠子和她的丈夫武熊被人用枪指着赶出洛杉矶的家时，他们一定没想到儿子乔治有朝一日会成为名人。

这样的事件发生概率并不高，更何况这对年轻夫妇以及他们的日本邻居像牲畜一样被成群地驱赶进了马厩和战俘营。1942年不仅是加利福尼亚州反日浪潮发展至顶峰的一年，而且还是整个美国对亚洲人的偏见达到白热化程度的一年。

根据当时的法律，出生在亚洲的移民无权成为美国公民，因为亚洲人被认为是不善融通的种族。出生在美国的亚洲人可自动获得美国国籍，但这些人成年后很少能问津白领工作，有的甚至只能在家门口就业。加州在此前几十年一直是美国历史上最大的私刑盛行地，受刑的多是华裔。自19世纪中叶以来，华裔移民和日裔移民一直处在加州社会等级体系中的最底层，与之境遇相当的还有来自韩国、菲律宾、越南以及东印度地区的移民。

有关亚洲人的原型形象数不胜数。1913 年，大反派"傅满洲"正式登场。他是英国作家萨克斯·罗默小说中的虚构人物，阴险狡诈，冷酷无情，善于投机钻营。傅满洲的出现反映了西方社会对神秘莫测的东方所抱有的深刻的怀疑情绪。[①]

另一个经典的虚构人物名叫"陈查理"，是个辞藻华丽但句法混乱的华人探长。他看起来矮矮胖胖，人畜无害，且总是为自己碰巧身为一个华人而感到愧疚和自责。陈查理代表了白人心目中理想的亚裔美国人形象：谦卑恭顺不逾矩。

1941 年 12 月 7 日，日军向珍珠港美军舰队发动偷袭，太平洋战争的导火索就此被点燃，美国国内的反日呼声一浪高过一浪。在美国人眼中，日本男人是猿猴，是"黄祸"，是低人一等的动物。日本女人则只配为妾为妓，或是去当用人——她们被看成是男权社会的附庸，没有自己的思想。

珍珠港事件爆发不久，罗斯福总统做出了一个堪称其平生最错误的决定。他签署了 9066 号总统令，允许军队在未经审判或是未履行正规法律程序的情况下，将带有日本血统的 12 万人强制关押。

被收监者中的大部分人都出生在美国，其中一半还是儿童。关押他们的理由是——并不符合宪法规定——这些日裔美国人会"同

---

① 在罗默笔下，对付这个亚洲版莫里亚蒂的是侦探丹尼斯·奈兰·史密斯。他个性分明，胆识过人，思虑周全。当然了，他是个英国人。

情"新近与美国为敌的那些人。但国会委员会日后承认，这道命令"在极大程度上受到了种族偏见的影响"。美国的白人工商业主很乐意看到日本同行被关押圈禁，加利福尼亚州的农业组织尤其赞成将日裔务农者连根拔除，好由白人全面接管。①

惠子（英文名"艾米莉"）出生在加州首府萨克拉曼多，有美国国籍。她的丈夫武熊尽管出生在日本，但早在 16 岁时就移民到了旧金山。根据美国法律，即便他已在这个国家生活了 20 多年，并且靠劳动所得养家糊口，但依然无权成为美国公民。已年届 40 的武熊，英文名字叫"诺曼"，已经攒够了买房的钱。但是，随着美国军队大清洗的开展，诺曼的美国梦被彻底打破。他和妻子惠子连同三个年幼的孩子，被"重新安置"到了"罗威尔战时聚居点"，一个位于阿肯色州东南部沼泽地带的战俘营。②

诺曼出发前告诉孩子们，一家人要"外出度假"，彼时的乔治只有 5 岁。虽然年幼，但他已经意识到这不是一次能自愿选择的度假。战俘营中，他可以和同伴在户外玩耍，但监控哨塔上的卫兵会拿机枪对着他们。在学校里，所有孩子都得背诵"效忠誓言"。透过玻璃，小乔治还能看到窗户上倒钩密布的线网。

---

① 不管怎么说，美国当时与德国和意大利也互为仇敌。但是，毋庸置疑，无论是怀俄明州的议员亨利·施瓦茨，还是纽约方面的代表路易斯·卡珀佐力，都不曾有过因战争而遭家人被草率关押的经历。
② 一家人之后又被送往图勒湖战时安置点，直到 1944 年罗斯福总统撤销对日本人的关押令后，他们才重获自由。

所有人都应享有自由与公正。（效忠誓言节选）

三年后，一家人重获自由。他们从前的房子早被毁了。"这对我的父母是个沉重的打击。"乔治日后回忆道。诺曼唯一能找到的工作就是在唐人街的餐馆里洗盘子。

回到洛杉矶就读的乔治充满了雄心壮志。他想长大后当一名建筑师，或是做一个演员。有朝一日他要踏足政界，要成为一个公共演说家，要结婚生子……

年幼的乔治压根儿想象不到，要实现这些目标的可能性究竟有多低。战后的美国，亚裔的就业率远低于非裔，而非裔的就业率比白人的平均就业率还要低 1/3。摆在小乔治面前的，是一道难以逾越的鸿沟。

- 《财富》世界 500 强中的亚裔 CEO? 没有。
- 亚裔影星？没有。
- 亚裔参议员或众议员？你该料到，没有。

种族差异并不是小乔治需要面对的唯一问题。在为梦想奋斗的过程中，他还得应对其他一些阻碍。

一些他从未告与人知的事。

2

我们姑且暂停一下，先来读读以下内容。

这是五个世界级运动员曾经说过的话，请大家在回答我的后续问题前仔细读一读。

"谁也别想让我承认苏格雷·罗宾逊和穆罕默德·阿里比我更厉害。"

"回想自己的辉煌……我认为自己是有史以来最了不起的运动员。"

"我燃动了纽约，燃动了整座城市。"

"我看着自己成了设计师，成了模特，成了电视明星。"

"若想赢，有的时候你就得和别人进行一番艰难的对话……你明知他们不喜欢你，但为了团队，你必须这么做。"

仅凭上述话语，你能否判断哪些人适合做你的队友，或是做你的老板？

哪一个是你眼中的最佳队友？

即便是从事个人竞技的运动员也都是团队的一分子。世界一流的拳击手、游泳运动员或是短跑选手离不开教练、协作者、训练员、营养师以及团队经理的鼎立支持，在团队的合力推动下，他们才能超越自我，创下佳绩。大家可能已经发现，以上五句话中，只有最后一句涉及了团队合作，也碰巧只有这句话的主人表现出了谦和姿态。她叫卡拉·奥夫贝克，是 20 世纪 90 年代的世界冠军、称雄一时的美国女子足球队队长。其余四人依次是小弗洛伊德·梅威瑟，尤塞恩·博尔特，康纳·麦格雷戈，以及瑞恩·洛赫特。他们个个都因狂妄不羁而闻名。

小弗洛伊德·梅威瑟？不可思议的拳击运动员。他说得没错，拳王阿里都不如他，也许苏格雷·罗宾逊也不如他。

但若论合作，他远比不上这两位。小弗洛伊德·梅威瑟可能有过自己的团队，但他却不善与人相处。[1]

卡拉·奥夫贝克恰恰相反。她不仅是体坛明星，而且是个出色的母亲，是大学足球队的兼职教练，还是队员心目中士气的源泉。参加比赛时，她总是那个为大家搬行李、最后一个去冲澡的人。梅威瑟和他的孩子们可能在赛场上的确了不起，却绝不会成为能和你愉快合作的伙伴。

山姆·沃克的名字在前文中出现过，他是《华尔街日报》体育版的编辑，同时也是《队长大人》一书的作者。[2] 据他所言，但凡全球顶尖的体育王朝，都有一个惊人的相似之处：队员，尤其是队长，

---

[1] 在成为全球收入最高的运动员之后，梅威瑟——已经获得三届布加迪斯大赛冠军并荣获三次全美金手套大奖——当着年幼儿子的面打了自己的女友，还警告孩子们不得报警，否则就要挨揍。世界冠军挑战小学生，这算不算公平对阵？

[2] 再次声明，我不热衷体育，但是这本书真的很吸引人。

都极其谦虚！ [1]

例如在 20 世纪五六十年代雄踞 NBA 榜首的波士顿凯尔特人队。"队伍中任何一个球员的个人表现都称不上历史最佳。在第十一次夺冠的赛季里，该队有 7 次是以普通阵容上场，队伍中没有一个是大联盟中排名前十的明星球员。可即便如此，它还是赢了。"沃克指出，球队队长拉塞尔的角色格外重要。他深谙合作之道，之所以带领球队取得辉煌战绩，是因为他从来不追逐个人荣耀。奥夫贝克在 20 世纪 90 年代担任美国女子足球队队长期间，球队所向披靡，而她本人仅仅在国际赛事中进过 7 个球。在橄榄球、排球、板球，凡是你能想到的运动领域，类似的成功模式都离不开谦逊。

在苏联国家冰球队身上，我们看到了这个品质。而北美冰球队缺乏的正是这种东西。苏联人把他们在冰上的运动描述成"为冰球服务"。任何一个控球的队员都不会只争个人风光，而是给其他球员打下手。没有人会刻意炫耀个人技巧，也没有人会在意由谁去进球。当不得不调整比赛战术，当观众为别的球员的精彩出击欢呼喝彩时，也没有人会因此失魂落魄。

沃克的研究显示，当"拥有一个在暗处统领全盘的队长时"，球队脱颖而出成为精英的可能性会更大。更重要的是，体育界的任何一支完美团队，就像沃克所定义的，"都拥有人人皆可畅所欲言的开明氛围，大家有牢骚就会说出来，有想法就会一起讨论，有不满就

---

[1] 此外，他们还更愿意从新的视角去思考规则，思考比赛，听起来很像是马克·提根或是内莉·布莱的风格。

会在第一时间去解决"。① 正是谦逊使得这些队伍在经历艰难时不至于四分五裂。**你所做的一切都是为了让队伍变得更好。**

这是不是让你想起了罗伯特·迪格斯,"武当派"的掌门人? 他在团队中的主要角色就是创作节拍,营造能激发团队成员相互比拼的竞争氛围。这支队伍从不担心争执过多,而且,只要有必要,迪格斯总会把团队利益摆在个人利益之上。

还有吉恩·拉斐特和杰克逊将军。两个截然不同的人,却也曾有过并肩战斗的时刻。类似的模式还出现在 ULT 和 WebCT 两家公司、内莉·布莱和纽约市政府、马尔科姆 X 与马丁·路德·金等多个例子上。这些组合中的每一个成员都能将个人荣耀和一己私欲放在脑后,只为能携手并肩,共攀高峰。

这样的品质不是寻常的谦虚,而是智力谦逊。智力谦逊能使人明知做改变不易,依然能秉持开放心态去接纳应对。

正是每个人身上独有的特性促使他们在凝聚成团时取得令人称奇的成就。但前提是,每个人都要保持开放心态,在必要时改变自己的观念和想法,否则合作难以顺利进行。团队成员之间的智力谦逊水平越高,他们就越有可能在剑拔弩张的时刻控制住情绪,因为他们能够借助新的视角和经验法则来调整自己。

---

① 1992 年奥运赛场上夺冠的美国男篮据说曾经历过一段困难时期,因为队伍中的很多顶尖高手互相不买账。直到"魔术师"约翰逊主动将头号选手的光环让给迈克尔·乔丹,局面才得以缓解。尽管他们二人的性格并不一定谦逊,但各让一步的结果是,整个队伍因此步入了正轨。

换句话说，智力谦逊能将我们推向可行区间的顶峰。

提高一个人智力谦逊水平的方式有很多，本书在最后一章中将深入探讨最具影响力的一个。我们将由此看清楚，究竟是什么样的开明思想能让我们成为完美的合作伙伴。

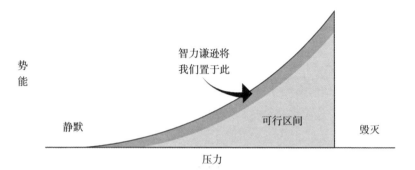

3

从二战爆发到越战落幕，这期间的30余年见证了一个奇怪的现象：白人男性和亚裔男性之间的收入差距消失不见了。在40年代初期日裔遭拘禁的那个阶段，亚裔男性的收入比白人男性平均要低30%。但时至1975年，北越军队攻陷西贡，彼时的美国亚裔男性收入仅比白人男性低5%。

亚裔的奋斗史是对美国梦的完美诠释。他们最初靠洗盘子做苦力谋生，是不被信任不被尊重的群体，后来却成功晋级白领一族。如今，他们当中有医生，有律师，有学者，也有商人。一些报纸曾说"东方人"是"占尽了非洲人的一切陋习却甚少非洲人的优点"，如今它们却也在为这群人的勤劳品质和家庭观念而不吝赞誉。仅用了几十年的工夫，亚裔美国人的生活天地就从线网密布的阴暗牢笼转向了大理石铺就的华美厅堂。

若是将时间推进到 2000 年，则他们的变化更是大得惊人：亚裔美国人已经占领了一些高端岗位。有的是蓝筹公司副总裁或者首席执行官，有的是参议员或者州长，也有的成了好莱坞影星或电视主持人。在美国，亚裔的高等教育普及率超过了白人、黑人和拉美裔人。

亚裔美国人的进取精神已经成了他们身上的一种原型特质。尽管社会学家提醒人们种族主义和种族歧视依然存在，但政治评论家们已经开始利用亚裔人创造的奇迹来做文章，希望其他族群也能从中吸取经验，成为下一个"少数族裔中的典范"。

对于我们的小朋友乔治而言，亚裔取得的这一不可思议的胜利无疑是个好消息。不过这些评论家的观点有一个小瑕疵。

他们对所发生的一切看得并不准确。

* * *

在非裔美国人总数并没有显著减少的前提下，亚裔与白人的收入差距从 30% 减少到 5%，这的确是了不起的进步。原因何在呢？如果说美国主流社会对亚洲人的态度从 40 年代到 80 年代出现了大反转，从极度排斥发展到奉为典范，这背后的根源是什么？难道是生活在美国的这些日本人、中国人、越南人、韩国人、菲律宾人、蒙古人以及马来西亚人在一夜之间放弃了自己的母国传统和文化,彻底投入了美国白人文化的怀抱?还是他们形成了一套新的职场伦理?

都不是。许多经济学家,比如布朗大学的纳塞尼尔·希尔格博士,都曾在研究中发现,导致亚裔社会地位在美国日渐提高的,并不是他们的家庭观念突然变得更完善,或是他们的工作态度突然变得更积极,亚洲人并没有经历从"懒惰"到"责任心强"的剧变。

原因仅仅是,他们在美国社会受到的种族歧视减少了。

以一代人为界,同一拨吃苦耐劳的亚裔做着同一种类型的工作,收入却更为合理。以两代人为界,收入更是有了大幅度提高。与此同时,在与上一辈获得同等优异成绩的前提下,亚裔学生进入一流大学的概率也提高了。亚裔群体成了"平权法案"最大的受益人(至少在最初几十年里如此),而且,随着越来越多的亚洲人接受高等教育并获得优质工作岗位,一个强大的良性循环链就此建构起来。美国对于出生于亚洲国家的专业人员形成了日益显著的吸引力,诱惑力之强足以抵消赴美移民可能面临的风险或艰辛。于是,更多有着高等学历的亚洲人来到美国。这些亚洲移民的下一代在成长过程中拥有与白人基本相同的机会。与马尔科姆·里特尔年少时不同,如今的职业顾问完全可以实事求是地鼓励一个亚裔高中生"胸怀大志,追逐梦想"。①

"亚裔美国人——至少其中的一部分——已在这个国家取得了了

---

① 见拉尔夫·瓦尔多·爱默生《社会与孤独》,1870 出版。

不起的成就，"经济专栏作家杰夫·郭这样写道，"但他们所经历的最重大变化并不是源自他们更努力的工作态度，或是因为家有虎妈，或者崇尚儒家传统，而是因为其他美国人对待他们的态度发生了改变，变得开始尊重他们。"

这是为什么？为什么只尊重他们？

我们马上来揭晓最后这个秘密。

4

在美国社会对亚裔态度发生转变之后，时隔两代人，另一个饱受冷眼的群体也经历了同样的剧变：同性恋。

自有史可考以来，同性相恋现象就屡见不鲜。它有可能滋生于任何一种文化，也有可能存活于地球上任何一个角落。早在公元前3000 年的埃及法老时代、古巴比伦汉谟拉比执政时代，以及中国古代周王朝统治期间，有关男性相恋或女性相恋的记载就已出现。在亚述帝国、波斯古国以及古希腊，人们接受甚至鼓励同性相恋。

然而到了公元前一世纪，整个罗马人统治下的区域，包括罗马人统治下的英国，同性相恋都被定性为非法行为。1 500 年之后，亨利八世宣布以极刑处置同性恋者（但王公贵戚并没有因此停止豢养男宠）。时至 19 世纪，世界各地基本都将同性恋定性为非法行为。

鉴于此，多达百万计西方社会的男男女女只能将自己对同性的隐秘情感作为秘密深埋起来。①

* * *

在一家人被圈禁的日子告终之后，小乔治重新进入公立学校就读。在那里，他发现了自己身上某些异于常人的特点。每当见到朋友们面对女孩子时的那股兴奋劲儿，他都会感到不解。"他们为什么对女孩子那么感兴趣？"他想不通。

在他看来，反倒是男孩子……

当同伴们贪婪地欣赏时尚杂志的封面女郎时，小乔治却躲在一旁看杂志上的男性图片，欣赏他们那轮廓分明的健美身躯。尽管尚未成年，但乔治很清楚，这样的私密情感不是件好事。在当时，一半美国人认为同性恋者无权就业，更有超过一半的美国人认为有同性性行为的人应当坐牢。

而说到中学生，毫无疑问，他们眼里决不容沙子。

试想一下，作为一个生活在 20 世纪 50 年代美国的日本血统的男同性恋，乔治会有怎样的感受。别人会因为你是这种人而怀疑你的人品，怀疑你的智商。别人会因为你爱上一个同性而意图将你送进监狱。朋友们本以为你与他们是同一类人，会毫不避讳地与你交

---

① 对奥斯卡·王尔德的那场审判恐怕是大众第一次关注到此类隐秘情事。在几番公开听证后，王尔德因恋上同性被指控犯下了"猥亵罪"，继而身陷囹圄。其中的讽刺意味实在值得深思。

谈，一旦他们发现事实并非如此，那一切都将改变。

因此，乔治隐而不言。

但有趣的是，除了艾滋病引发恐慌的那段时期，公众支持同性恋权益的呼声自 60 年代起持续高涨，到世纪之交时达到顶峰。具体变化详见下图。

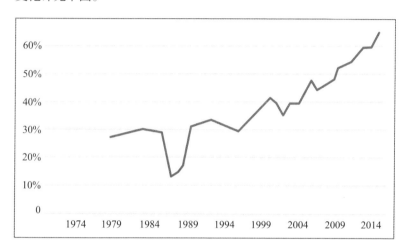

支持同性恋的美国人口占比

以上数字并不仅仅来自海岸地带思想开明的自由派，而是包含了所有群体。一些宗教认为同性恋行为是对上帝的大不敬，如今那些信徒也变得更加宽容。皮尤研究中心的数据显示，美国社会所有的主流宗教团体对于同性恋权益的支持率都呈上升态势。

仅一代之隔，美国人中的大多数就已经认可了性取向超出常规的这群人。至少可以说，大多数人都认为这样一群人不该因为不同于常人的性取向而被剥夺各项权利。

导致这一转变的根源是什么？在前一章中，我们讨论了去异域旅行——并且生活其间——有助于扭转我们的思路。但是，在1945年以及2000年，数百万美国人之所以改变了对待亚洲移民乃至同性恋的态度，并不是因为他们都去亚洲生活过，也并不是因为隔海相望处有一个神奇的同性恋乌托邦，能让"正义凛然"的美国人相信同性恋压根儿就不是什么洪水猛兽。

这两次观念及态度的改变发生在不同的时期。但非裔美国人、阿拉伯人以及拉丁美洲人就没有那么幸运了。

然而，导致美国人在这两件事上发生态度转变的要素却是相同的。

5

数年来，乔治希望成为一个知名演员的梦想始终是那么遥不可及。在获得建筑学本科学位后，他终于去戏剧学院开始了试音工作。在20世纪50年代末60年代初，好莱坞电影工业中日本人能找到的机会寥寥无几，大多都是些不入流的角色，比如歇斯底里、笨头笨脑的配角儿，或是狡猾奸诈的傅满洲之类的人物。因此，当凭借浑厚的男低音在电影《哥斯拉》中获得画外音配音一职时，乔治可谓是欣喜若狂。但总体而言，他还是在逆境中挣扎。

乔治从未告诉过别人他是同性恋。他那方正的下巴和浑厚的嗓音与好莱坞电影黄金时代的异性恋形象高度吻合，他也乐得被别人这样看。

在当时，电视节目会将同性恋者刻画成有暴力倾向，或者患有精神疾病的非正常人。在一部早年间拍摄的电视剧《马库斯·威尔伯》中有这样一个片段，一位身患抑郁症且饱受糖尿病折磨的病人去看医生，威尔伯大夫判断他"患上了同性恋"，还宽慰他有朝一日定会"恢复正常"。另有一些电视剧将男同性恋妖魔化为恋童癖者或是强奸犯。至于女同性恋题材的电视剧，我能找到的最早一部名叫《女警察》，剧中的女同性恋都是些嗜血成性的杀人狂魔。毫无疑问，这些作品都忽略了一个事实：同性恋群体中犯下杀人罪或强奸罪的比例并不比普通人群更高。

不过，随着时间的推移，电视节目中同性恋题材的故事变得不再那么脱离实际。在1972年拍摄的电视短片《那年夏天》中，马丁·西恩和赫尔·布鲁克扮演了一对私下里同居的男性恋人。在法国影片《肥皂》中，有一个名叫比利·克里斯特尔的同性恋角色，他气质不俗，招人喜欢，但内心深处却渴望改变自己的性别。[1] 在人们眼中，似乎所有同性恋者都有着类似的愿望。

观念的改变难以在朝夕之间一蹴而就，带有歧视色彩的模式化同性恋形象并没有马上消失。但是，随着时代的进步，同性恋角色

---

[1] 法国电影蕴含着一丝对同性恋群体的包容姿态——尽管屏幕上未曾直接呈现。早在1957年，法国电影《鸵鸟蛋》一片中就出现过此类情节。而拍摄于1964年的法国影片《特殊的友谊》——改编自1943年出版的同名小说——则对一个天主教寄宿学校内男孩之间的情感进行了更加写实的描述。

变得越来越引人同情，在影片中的出镜时间也越来越长。当备受影迷喜爱的女星艾伦·德詹尼丝于 1997 年在电视上公开承认自己的同性恋身份时，多达 2 200 万观众收看了节目。时代的风潮已然发生了改变。同性相恋不再是非主流，一些大型网站已经开始播放更多以同性恋为主的节目。

下图反映了 1970—2015 年聚焦同性恋题材的电视节目占比变化：

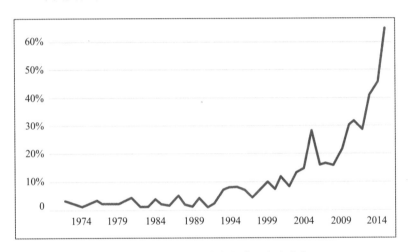

以同性恋为主要题材的电视节目占比变化

随着越来越多的人对同性恋群体持认可态度，影视作品中对同性恋角色的塑造也相应地发生着改变，这倒也在预料之中。实际上，根据本·施密特和艾利兹·艾丹"书虫计划"的统计，1965 年至今，电影电视台词中"同性恋"一词的使用频率总体呈递增态势，与之相对，同时期影视剧中对同性恋使用的侮辱性字眼也在逐步减少。请看下图。

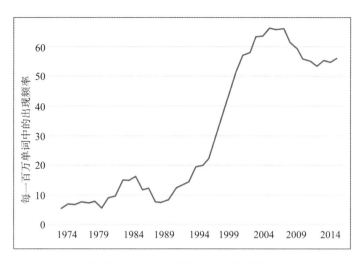

"同性恋"一词在影视剧中的出现频率

资料来源：本·施密特，Culturomics.org。

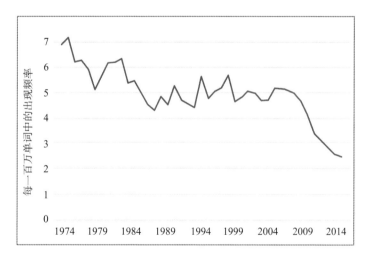

"娘娘腔"一词在影视剧中的出现频率

资料来源：本·施密特，Culturomics.org。

图中蕴含着一些有趣的信息。如果结合本小节中第一张图来分析，我们会看出在剧本创作和电影公映之间存在着时间差（有时会长达数年）。在接纳同性恋这个问题上，好莱坞并不是在随波逐流，而是在引领风潮。

由此大概可以得出这样的结论，在涉及社会问题时，好莱坞多多少少走在了时代的前面。

但正如事物发展的一般规律，更有趣的现象还在后面。

6

在艾伦曝光自己的同性恋身份之后，时隔 10 年，一群人在影院享受了一次不同寻常的观影体验。影片是"007 系列"中的最新一部。伊恩·弗莱明创作的英国特工詹姆斯·邦德的形象早已深入人心。但亮点不在这儿！他们这一次不能像平时一样喝着可乐、吃着爆米花看电影，而是要戴上装备看。仅从表面判断的话，这套装备很像是来自邦德本人的实验室。

负责此次科学实验的是克莱蒙大学的神经科学家保罗·扎克。据他观察，当片中出现邦德与坏人斗智斗勇或是濒临危急关头的情节时，观众们的脑部神经"开始神奇地舞动起来"。仪器显示，电影中的故事情节会影响到观众的脑部活动。

而这些脑部活动会使他们的身体产生一些奇怪的反应。当邦德悄悄靠近大楼边缘，而坏人却正在向他逼近时，观众的心跳会加快，手心会出汗。当邦德身处紧要关头时，观众会心生恐惧。当邦德身陷痛苦境地时，观众们也会产生感同身受的紧张情绪。尽管安然无恙地坐在舒适的座椅上，但这些观影者却在脑海中体验着邦德的种种际遇。

当然，几乎所有人都曾有过类似的体验，[①]比如看电影，看球赛，或是安慰朋友时。问题在于，我们为什么会产生这种移情心理？为什么会——多多少少地——把别人的感受移植到自己心中？

扎克博士的实验揭示了一些令人意外的结论。原来，引发这种情感映射的是大脑中的某种神经化学物质。它是一个小小的分子，学名叫后叶催产素。之前人们只知道后叶催产素与怀孕和哺乳有关，并不知道它还有别的作用，当然更不知道它居然能和动作片发生关联。

也就是说，根据扎克的研究，令我们对他人的思想及观点保持

---

① 人类通常在两岁左右就会有此体验，确切时间点会因个体差异而有所提前或推后。

开放心态的，正是这个小小的分子。

　　"当我们体验到被信任或是被善待的感觉时，后叶催产素就会出现，继而激励我们与他人进行合作。"扎克解释道，"因为它能提升我们的移情能力，使我们更容易感受到旁人的情感。"毋庸置疑，移情能力是人类得以生存的一项重要能力。正如扎克所言："它能让我们明白其他人——包括与我们共事的那些人——为何会在某种情境下做出这样或者那样的举动。"

　　为了验证这一点，扎克给参与实验的人先注入适量人工催产素，然后再观看慈善宣传片。他告诉这些被试可以给任何一个慈善项目捐款。猜猜结果怎样？与对照组相比，这些摄入人工催产素的人为慈善项目捐款的概率高出了 57%，而且捐款总额高出了 56%。总体而言，他们普遍认为自己对慈善宣传片中的人产生了更多关注。

　　接下来的事情越发有趣。扎克又重做了一次实验，让被试观看了相同的宣传片，但是没有为他们注入人工催产素。他想看看在自然状态下的人际互动中，哪些互动有助于形成催产素。也就是说，在现实生活中，什么因素能够让我们的大脑分泌更多的催产素？

　　他的研究发现为人际沟通中最重要且最有用的技巧提供了神经科学层面的解释。

　　事后来看，答案并不复杂。在另一次实验中，扎克博士让两组被试观看了不同的两套慈善宣传片，一个是以叙事线串联起来的小故事，另一个则没有情节。比如说，一种是父亲对孩子的患癌经历的沉痛诉说，或是动物保护组织的员工对宠物被虐待细节的详尽描述，而另一种则是直接呈现有关儿童患癌率或者宠物被虐事件的统计数据。扎克发现，有故事情节的宣传片比起直接陈述事实数据的片子更能激发人们的慈善热情。在对被试的血液样本进行分析后他发现，观看有故事情节的这部分人血液中的催产素含量更高。这就是说，故事加剧了他们大脑中催产素的分泌。

在前文提到的以"007系列"电影为内容的实验中，被试出现了心跳加速、掌心出汗等症状。这一次，扎克的实验又进一步证实，被试的大脑还会在观影时分泌更多的催产素。通过若干同类实验，扎克的研究小组得出结论：当人们观看以人物为主线的故事时，大脑中就会产生更多的催产素。

尽管不是刻意为之，但扎克博士的确一不小心就用化学的方法解答了数百年来诗人们竭力歌颂的爱情之谜。

是故事让人们坠入爱河。是故事让人与人建立起联结，并且相互关心。

早在尚无文字可考的时期，故事就已在人类社会中彰显出威力。在当时，神话与故事代表着所有人的共同身份。借由故事，人们才能更容易在一起劳作、生存。借由故事，人们才能在一个没有现代通信条件的世界里整合并保存信息。部落中的日常琐事——以及部落中的族群精神和大小典故——都是被口口相传，传遍四方，传至后代。讲述并且记住故事是人类大脑固有的禀赋。[①]

　　故事不仅仅是承载信息的有力工具，而且还能让我们知道该关心谁，关心什么。表达关心是催产素的职责。假如某个故事中的人物对我们的生死存亡起到决定性作用，那大脑会促使我们做出反应，会使我们记住并且关心那些人。催产素的部分作用是让我们的身体模仿自己的同类，包括呼吸、流汗、用肢体语言传递意义，以及产生情感。如果某人是我们群体中的一员，那大脑就会推动我们与他接近，一起跑，一起跳，一起记住发生的一切。

＊　＊　＊

　　在同性恋题材的影视剧发展史上，2009 年首度公映的电视音乐剧《欢乐合唱团》称得上是一个标志性作品。克里斯·柯尔弗在剧中饰演了同性恋者科特·汉默尔。

　　科特并不是异类，他只是一个普普通通的高中生，在略显尴尬的环境中艰难成长，几乎每个同龄人——无论是不是同性恋——都能从他的身上看到自己的影子。他心直口快却又细腻敏感，做起事来一往无前，个人魅力十足。随着故事情节的发展，科特的苦恼也逐一呈现在观众眼前。他得应付张牙舞爪的同学，得和自己的父亲

[①] 　人们发现，鉴于故事会调动起我们的多重感受，因而它能让我们更好地记忆信息。神经科学家们有一句名言，"同步放电的神经元会串联在一起"。也就是说，当故事激发了我们的想象力或者调动了我们的情感时，更多的神经元会被激活，大脑存储信息的能力因而被加强。

周旋，还得承受一系列情感上的困扰。《欢乐合唱团》这部电视剧让数以百万计普通大众看到了一个同性恋男孩的真实生存状态。而且，正如同性恋者亚历山大·史蒂文森在新闻中所写："科特不仅仅是故事中起陪衬作用的配角，他是一个有血有肉有思想的鲜活的人。"

这就是科特存在的价值：电视编剧没有预料到他们塑造的这个人物会改变美国人对待同性恋的态度。在使人们接纳同性恋的过程中，他们的确是功不可没。《好莱坞快报》的一项研究显示，27%的美国人认为《欢乐合唱团》以及《摩登家庭》（主角是一对同性恋）是导致他们支持同性恋权益的直接因素。

在同性恋题材的故事中，主人公与我们一样，有着自己的思想、情感、苦恼，也有着各自的家庭。当普通大众越来越多地接触到此类故事时，他们对这个群体产生的同理心也越来越强烈。在导致我们换位思考、站在科特的角度看待问题的过程中，大脑中的催产素不断分泌。它让我们饱含关切。在此类故事的影响下，数百万人抛掉了对同性恋者的刻板印象，不再把他们当怪物看——当外团体成员看，而是将他们接纳为正常人——接纳为内团体成员。

尽管同性婚姻的合法性仍然受到质疑，但对于同性恋故事有所了解的人正在变得越来越愿意与同性恋者合作。2015年，情景喜剧《我本坚强》中蒂塔斯·安德洛梅登一角爆红荧屏，当时，仅有不到19%的美国人表示不愿与同性恋者共事。认为同性相恋不合法的美国人比例也从50%下降到了25%。在被问及是否接受同性恋推销员的服务时，90%的美国人认为完全可以接受。70%以上的美国人表示他们不会在意自己的医生、总裁接班人，或者部队中的士兵是同性恋。人们对于同性恋的畏惧和歧视并没有彻底消失，但在二三十年的时间里，大家的思想开明度却翻了一番。

美国人没有理由自己给自己装点门面。毫无疑问，促使大众接纳同性恋的最主要力量来自那些勇气可嘉的普通人（包括许多在娱乐业从事台前幕后工作的人），是他们冒着被世人唾骂的风险大胆向全世界公开了自己的同性恋身份。调查显示，当人们知道了某个人的同性恋身份后，他们对其态度往往会发生积极转变。

那么，在结识一个人后，我们会做些什么？我们会彼此分享故事。我们会把过去看过的喜剧和影片拿出来重温一遍，会在餐厅，在酒吧，在休息室，在餐桌旁，将我们经历过的一切娓娓道来。

* * *

遗憾的是，故事的正面威力虽然不容小觑，但它也曾起到过不良影响，这与上一章中提到的平衡理论有关。

19 世纪中后期乃至 20 世纪早期，以亚裔美国人为主角的故事极大影响着外界对他们的普遍看法。当然了，全都是负面看法。

在小说、广播以及早期电视节目中，亚洲人的形象要么是恶魔，要么是笨蛋。这使得公司和学校有了充分的理由去拒绝接收亚洲人。日军偷袭珍珠港之后，美国方面又以此为由，监禁了境内的 12 万日裔。

请注意，美方在做出如上决定时并没有依托数据。故事战胜了逻辑。你是否曾听说过一些人惯于靠奇闻逸事而非数据来说话？"我在网上看到了这个家伙……"①

以下是经典平衡理论的表现：

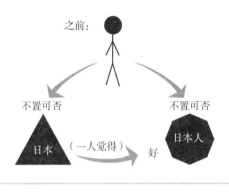

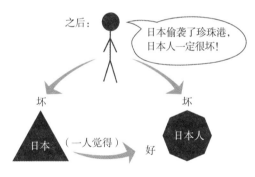

---

① 在这个问题上，我真是苦不堪言。2017 年底，就在本书进入最后一轮编辑之时，《好莱坞快报》爆出了一则新闻，称有人指控乔治在 1981 年曾犯下强奸罪。乔治否认了该指控，而指控者本人后来也承认自己夸大其词，该罪状并不真的存在。然而，绝大多数人只记得他们最初听到的版本。

以上图示则严重背离逻辑。通过联想，失衡的大脑将恐怖故事转写成了人人皆有的罪恶。遗憾的是，这样的转写往往是奏效的，问题的关键就在于：

恐怖故事没有导致后叶催产素的大量分泌，相反，它激活了大脑中的杏仁核。

此类状况会引发灾难性的后果，最典型的莫过于越南战争。战争期间，美国士兵被指挥官灌输了大量有关越共罪行的故事，导致他们杀害了数以千计无辜的越南平民。1971 年，一个名叫约翰·吉曼的美军下士将士兵接受的洗脑内容披露给媒体："你们对越南人做什么都不过分，因为他们根本就不是人。"

历史学家尼克·特斯从美国国家档案馆尘封多年的大量历史资料中找到了有关越战罪行的证据，如他所言，"美方的核心观点就是，越南人算不上真正的人"。他继续说道，自打士兵接受训练之初，"他们就被告知，'不要称对方越南人，就叫他们外国佬，叫他们歪瓜裂枣、酒囊饭袋'。军队统领用尽一切手段，就是要抹杀美国兵的人性，消除美国兵生而为人的一切仁慈，让他们将所有越南人——无一例外——统统当作敌人"。

因此而造成的结果是，他们强暴妇女，滥杀老人和儿童，把无辜民众当成射击的靶子。这一切引发了当地人血腥的报复行动，以致战争结束后，几千名美国士兵返回家乡时都患上了创伤后应激障碍症，曾经的恐怖经历变成了他们记忆中抹不去的一笔。

在整个战争史中，这样的事件并不稀奇。要想让人们齐心协力共同去对其他人做出不可理喻的事情，最有效的办法就是讲述故事，讲述那些将他人妖魔化的故事。

"伊斯兰国"在早期宣扬白人是恶魔时，不正是这样做的吗？既然白人原本就非人类，那痛恨白人有什么不对？有关叶尔孤白的传说的确在其中起到了极大的影响。X 和其他继续为这个组织出谋划策的人事后也感到了悔恨，他们悔不该以其人之道还治其人之身，不该像白人种族主义者将黑人妖魔化那样，在故事里把白人描述成恶魔。①

在故事中将同性恋者妖魔化，这也是导致民众恐惧同性恋的一个根本原因。一些专家利用奇闻逸事证明了"同性恋者非人类"这一论点，因而使同性恋者的权利得不到宪法的保护。此类故事有些取材于早期的恐怖电影，影片中的怪兽被牵强附会地变成了同性恋的代名词；也有些是荒诞不经的传说，说不怀好意的同性恋者强迫好人做了自己的同类。就这样，同性恋者与僵尸、盗肾者、尼斯湖水怪一样，成了街头巷尾流传不息的故事的主人公。

* * *

故事自有其威力。它们能促进后叶催产素的分泌，激发同理心，也能引起极端的恐慌。与火、钢铁、核能一样，故事可"好"可

---

① 若是将同一时期美国政府发动的镇压黑人民权运动的战争作为参照，那么关于美国人最初为何会进军越南的逻辑就难以令人信服了。假如穆罕默德·阿里发表意见的话，他肯定会说："我不会和越共为敌，因为没有哪个越共把我叫作黑鬼。"

"坏"，既可造福于人，也可贻害无穷。

我们可以以宾夕法尼亚州的沈礼江博士为例来说明故事中"好"的那一面。2000 年底至 2010 年初，沈博士开展了一系列科学实验。实验中，被试需要观看一些有关吸烟危害健康的公益广告。在他们当中，有些人观看的是充满骇人场景的广告，比如气管切开术、切断手术以及其他此类案例，而另一些人看到的却是以激发同理心为目的的广告（站在因吸入二手烟而患上肺病却仍然勇敢面对的儿童视角去思考问题）。① 沈博士发现，两类广告都能改变被试对于吸烟问题的看法，但是前一类的影响力不及后者。实际上，充满骇人场景的广告让许多被试产生了抗拒，令他们不愿改变态度。据他们所言，这种吓唬人的手段激起了防御心理，会让他们觉得自己自由选择的权利受到了威胁。

相反，能激发同理心的广告不会遭遇这样的抵触情绪。他们会自觉自愿地改变态度，而非因受到胁迫不得已而为之。

另一些研究进一步证实了沈博士的结论。其他领域的研究人员也遇到过相同的情况——"奇迹"咨询集团的创始人兼总裁罗伯特·皮尔兹就是其中之一。皮尔兹发现，当人们对试图说服自己的另一方产生同理心时，他们会更愿意去做一些惊世骇俗的事儿，比如改变自己对某个重大问题的固有看法。举例来说，公司老板原本不敢雇用刑满释放人员，但是当他们听到自己的同行——而非其他人——指出这样

---

① 据美国国家癌症研究所统计，每年约有 3 000 名不吸烟者因吸入二手烟而丧生。

做的诸般好处时，老板们转变态度的可能性要大得多。①

故事是如此善于引发人的同理心，以至于我们会因之而接纳八竿子打不着的人。

想象一下，假如你是经理，因为手下的两个团队成员闹得不可开交而心烦意乱。这两人视角各异，还拒绝接受对方的观点。假设你召集二人坐下来协商，并且宣布，如果他们不能好好相处，那就统统解雇。

你认为结果会怎样？

你我的判断可能是一致的：他们会认为你的警告是认真的，继而停止表面上的针锋相对，但他们依然不喜欢对方。你的威胁只是迫使他们改变了自己的行为方式，却并没改变他们的内心。你实则是将他们逼入了组织沉默。

那再来设想另一种情形。你让他俩一起来准备一顿晚餐。禁止在此期间讨论工作。他们只能和对方聊聊自己的生活，比如在哪里长大，在什么情形下遇见了生命中重要的人，生活中的十件最美妙的事，曾经的搞笑片段，诸如此类。

结果会怎样？他们在次日再度共事时，彼此间会不会多一些同理心？对待彼此的态度会不会友好一些？甚至，让我大胆揣测一下，

---

① 也许出于同样的原因，有些研究还反映出类似的问题：比起外团体中的陌生人，与我们同一种族或同一性别的某个陌生人更能有效地说服我们杜绝种族歧视或性别歧视。我们对自己认定的内团体成员抱持一种与生俱来的接纳心态，因而更容易被他们的诚恳诉求所打动，以至于完全丢掉了自己原来的想法。真是讽刺。

会不会互帮互助、听取对方的意见?

故事的威力再次显现。[①]

乔纳森·麦克布莱德曾在奥巴马政府负责白宫人事工作,在本书成稿期间,他在全球最大的投资公司黑石基金任总经理一职。麦克布莱德和他的同事经过数年实践,对于如何将形形色色的人团结在一起形成了一套独特的方法。

黑石公司在推动人员多样性——涉及性别、种族、背景等各个方面——的问题上曾经用尽了心思,遗憾的是,这家公司多年来的遭遇和我们前文中提到的个案——那些合并后走向下坡路的企业,以及分崩离析的团队——并无不同。对于形形色色的人而言,和平共处可能是个极其难熬的过程。假如你是团队中的少数派,你很可能会保持沉默。如果团队内部的紧张氛围过于浓重,那整支队伍都有可能陷入组织沉默。黑石公司为提高团队成员多样性所做的一切努力只带来了一个后果,那就是,人们找不到归属感。

为了扭转这个局面,麦克布莱德带领自己的团队从小事着眼,力图让黑石公司的员工——就算存在差异——产生归属于某个分支团队的归属感。这些小小的举措包括培训企业领导,让他们找准机会开展一些有益的微行动计划。但是,黑石公司采取的最有力的措施,是教会大家通过分享彼此的个人故事来凝聚在一起。通过讲故事,通过采取其他一些措施,黑石公司荣登《财富》杂志"最令人羡慕的公

---

① 有时候,红酒也有相似的作用。

司"榜单,成为美国人权观察协会评选出的最能够保障 LGBT(同性恋、双性恋及跨性别者的统称)权益的工作场所,并且成为领英网站评选出的全球范围内"人们最想加入的公司"之一。

"你得让人们互相关心。"麦克布莱德说,"至于如何做到这一点,那就得靠饱含深情的讲述了。"

7

2017 年底,我飞往洛杉矶参观扎克博士的神经科学实验室。那是个星期天的早晨,他给我绑上了一个叫作"沉浸式感应器"的设备,这个设备能够测量大脑中分泌出的后叶催产素所带来的下游效应。之所以如此,是因为它能感知到遍布于大脑至心脏区域的迷走神经的变化。

在给我佩戴完装备之后,扎克播放了一个视频短片让我看。那是一个惠普公司拍摄的商业宣传片,片中的父亲在想方设法讨女儿的欢心。自始至终,他都在向正值青春期的女儿示好,而女儿要么视而不见,要么像一个典型的叛逆少女那样对他翻白眼、发脾气。有一次,他在女儿的抱怨声中与她合拍了一张照片。女儿在事后打开午餐盒时看见了这张照片,旁边还有父亲留给她的字条。她转身就把它们藏了起来。

片中结尾处,父亲下班回到家,和女儿打了声招呼,女儿一如往常没搭理他。父亲落寞地走进女儿的闺房，环顾四周，打量着小姑娘长大过程的点点滴滴，伴着一声叹息，躺在了姐妹俩的卧床尾端，目光移向了屋顶的隔板。

他突然看见，在隔板上，他这些年来与女儿拍下的合影全被藏在了那儿。

泪奔了吗？我有。扎克博士告诉我，从监测后叶催产素的屏幕上，他能清楚地看到我是何时对这位父亲产生了同理心。看录像的过程中，我大脑中并没有因为他试图做一个好父亲的情节而分泌多少后叶催产素，但是到片末，它们一股脑儿地涌了出来。

我还尚未成为人父，也并不认识片中的主人公。我清楚这是个虚构的故事，但是在看完影片后，我对他产生了认同感。我喜欢这个父亲，想要给他一个拥抱。

用扎克博士的话说，这种情况"消融了自我与他者之间的界限"。积极的社会交往会引起后叶催产素的分泌，使人们做出拥抱他人、表示友好，或是分享情感故事等举动。此种情绪有助于在存在差异甚至是相互对立的个体之间建立联结。"假如你是在自然而然的情况下分泌了后叶催产素，"扎克解释道，"那么内、外团体之分将不复存在。"[1]

---

[1] 有些学者可能觉得这一论断难以成立，但如果他们读过伊丽莎白·特里斯、劳拉·比文、乔治·巴拉萨、杰夫·施劳兹、保罗·扎克等人在《行为神经学前沿》杂志上发表的文章《体内分泌的后叶催产素对消除货币转移过程中的内团体偏见之影响的研究》，他们一定会举双手赞成这个具有开创意义的研究结论。

希望读者已经看明白了。当我们的大脑因某个外团体成员分泌出后叶催产素时，我们先前对其所抱有的偏见就会消失不见。而达成这一效果的重要途径之一就是分享好的故事。

* * *

20世纪60年代，亚裔美国人在故事中的形象发生了翻天覆地的变化，从早期的下三流变成了受认可的对象。许多美国人开始对他们身边的亚裔人产生认同感，开始摒弃种族差异去同情他们、尊重他们，开始给他们提供一些长期以来未曾提供过的机会。

在一定程度上，这一切得归功于中村惠子和武熊的儿子——乔治。

8

1966年，电视编剧吉恩·罗登贝里拨通了一位口碑上佳的日裔青年演员的电话。当时，罗登贝里正在筹划一部科幻题材的剧集，讲述一群探险者在外太空合力度过重重困难的冒险之旅。他希望能找一个亚洲人来扮演剧中星际航船的领航员。

剧集名叫《星际迷航》，英俊小生威廉·夏特纳在其中担纲主角，饰演勇敢帅气的船长柯克。伦纳德·尼莫伊饰演智多星斯波克，德福雷斯特·凯利饰演尖酸刻薄的医生麦考伊，前爵士乐歌手尼切尔·尼科尔斯饰演通信总指挥乌乎拉。

和好莱坞历史上首度打破亚裔美国人刻板形象的其他作品一样，《星际迷航》让29岁的武井乔治扮演了机智勇敢的苏鲁少尉。

苏鲁少尉没有像同时期电视节目中惯有的亚裔形象那样，用蹩脚的英文与人对话，言语粗俗，笨头笨脑。乔治塑造的这个人物嗓音醇厚，说一口地道的英文，是进取号星舰上技艺娴熟的舵手。

"在电视上看到亚洲同胞时，作为一个亚裔美国人总难免会心潮澎湃，"托尼奖获得者、美籍华人黄荣亮在讲述乔治的纪录片中曾这样回忆，"而让我在意的，是这些亚洲人在多大程度上被置身于尴尬境地中。"

但苏鲁少尉绝对不是个被置于尴尬境地的角色。他不穿和服，不蓄山羊胡子，也没有险恶的心机。他身着星际航船的舵手制服，沉着冷静地与其他船员合力共渡难关。而他们也甘愿将自己的安危托付于他。这一切都是以往剧作中不曾出现过的。在黄荣亮看来，这是剧变的前兆。"乔治，"黄回忆道，"是一个赢得了尊严的亚洲人。"

《星际迷航》渐渐引发了一波文化现象。乔治塑造的苏鲁少尉收获了数以百万计的粉丝，使其成为最早一批以全新面貌示人的亚裔美国人中的一员。正因如此，当年纪尚轻的李小龙出现在1964年加州长滩的武术展览中时，他才能够突出重围，打破乔治曾经击碎的玻璃天花板。研究流行文化的专家们认为，是乔治为亚裔形象开创了新时代，为李小龙后来获得国际声望奠定了基础。

就这样，亚洲人以全新面貌赫然登场。好莱坞开始倾力打造学识过人或者武功高强的亚洲人形象。与此同时，唐人街——说来有些讽刺——为了扭转媒体塑造的负面形象，却在一心一意推广"正派老实"的亚洲人形象。

"为了获得主流社会的认同和尊重，亚裔美国人做出了积极的努力，至于我们如今看到的由少数亚裔典范创造出的神话，则应该是他们当初付出努力时始料未及的一个结果。"印第安纳大学艾伦·吴博士这样说。他在《成功的色彩》一书中全面记录了亚裔美国人在20世纪中叶为获得认同而走过的艰难历程。"唐人街上的大佬们非常聪明。是他们开始将中国传统文化中的家庭观和儒家伦理观以故事的形式四处传扬。他们说中国家庭强调长幼有序，孩子必须无条件地服从家长，平时只去中国人办的学校，从来不惹是生非。"

聪明吗？当然。但人总归是人，孩子也总归是孩子。有些亚裔孩子恭顺老实，有些则相反。有些亚裔美国人家庭观念强，有些则未必。真正带来改变的，是故事。从乔治儿时被强制关押，到他成年后获得《星际迷航》中的重要角色，这期间发生的一切改变，都要归功于故事。亚裔美国人的本质从未变过——他们始终是值得被接纳、被关注、被尊重的良善之人。但是有关亚裔的故事——出现在校董会上、新闻报刊上、电视机屏幕上的——在1942—1972年发生了翻天覆地的变化。

大家应该会记得希尔格博士曾经得出的研究结论：亚裔美国人

在 20 世纪四五十年代因为机会匮乏而被挡在主流社会的门外。但随着故事内容的变化，越来越多的机会接踵而至。这使得更多包含正面信息的故事被传扬，被美国主流社会所熟知，继而又为亚裔创造出更多良机。

虽然种族歧视在这个国家并没有消亡，但乔治和其他亚裔的成功故事打开了人们紧闭的心扉，越来越多的美国人开始接纳亚洲人加入他们的队伍。

9

好吧，有谁喜欢看统计数据？（在想象中，我看到每个人都举起了手。你们好，我的傻伙伴们！）有谁喜欢看书？我猜是你——因为你已经读到了这一章。

如果你喜欢看书，那一定会喜欢接下来的这一份数据。作为本书的作者，我是非常喜欢。

2017 年，我用克鲁姆雷-曼库索博士和劳斯博士制作的智力谦逊量表给自己做了一番测试。其中包括诸如住在哪儿、去过哪儿等基本信息。之前，我曾邀请数千人做过这个测试，并且，正如上一章中所说，我发现有过国外居住或旅游经历的人，其智力谦逊水平会受到相应影响。

有一道测试题有关成本最低的一种旅行方式——阅读。

请看以下统计表，看看在智力谦逊水平和阅读量之间存在何种
关系。

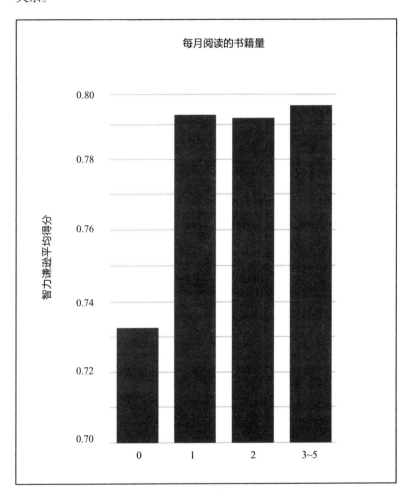

每月阅读的书籍量

数据显示，比起不读书的人，每月阅读一本及以上书籍的人，其智力谦逊水平有显著提高。

广泛地阅读意味着你见到了很多人，听到了很多故事。阅读是否真的会由量变带来质变，使你对平时所见的人多出一些包容接纳之心？

2010 年，维多利亚大学的达利亚·巴斯克维尔博士检验了这条假说。她让一群不同文化背景的学生坐在一起分享故事。她发现，当孩子们一起参与到故事中，讲述自己的、自己种族的，以及自己感兴趣的其他事情时，他们的"同理心、同情心、宽容心，以及对待不同文化的尊重之情都有提高"。通过这个活动，孩子们对他人的恐惧心较之于同龄人也略有减少。

2014 年，扎克博士在为 DARPA（美国国防部高级研究计划局）开展的一项研究中得出了相同的结论，只不过他的研究是基于神经科学视角。扎克的实验室名为"神经经济学研究中心"，隶属于克莱蒙特大学。在这里，受试会被要求戴上脑内化学物质监测仪。仪器显示，当人们听到有关外团体成员充满正能量的故事时，他们原有的恐惧心会减少，并且会更乐意为外团体成员的事业贡献一份力。

在所有实验中，对实验结果产生最大影响的莫过于讲述一个黑人小男孩想要成为宇航员的那部动画片。在片中，小男孩的哥哥回忆着弟弟罗纳尔多·麦克纳尔的过去。小时候，当他想从图书馆借书看时，管理员叫来了警察。在警察的许可下，他才把书借回了家。

罗纳尔多喜欢看《星际迷航》，哥哥觉得剧中不同种族的人（包括黑人）一起在太空船上共事完全是虚构，而罗纳尔多则认为这"在科学上是有可能发生的"。最终，罗纳尔多成了一名物理学家，并且成为有史以来第二个非裔宇航员。遗憾的是，在1986年的挑战者号悲剧中，他不幸罹难。曾经拒绝借书给他的那座图书馆还以他的名字重新命了名。

在扎克的实验室中，观看这部片子的被试全都表现出了同理心，大脑中分泌出了后叶催产素，对故事产生了由衷的共鸣。在之后被征求意见时，他们为一个与非裔美国人相关的慈善活动捐赠了大笔资金——不管他们本人来自哪个族裔。

"叙事性描述最能够影响人们的行为，使他们变得慷慨大度。"在记录观影者被故事吸引后产生的反应时，研究中心的报告中这样写道，"接着，他们会对故事主人公产生同理心"。在观看影片时，不同族裔在心理感受上并没有差别。彼时，罗纳尔多·麦克纳尔就是一个普通人，是他们当中的一员。

自我与他者的界限正在此消融。当你的大脑中自然而然地分泌出后叶催产素时，内、外团体的差别也会消失不见。

我的研究显示，读书能让人们聆听到更多故事，是打开人们心扉的一种极佳途径。盖洛普调查公司和皮尤研究中心也发现，电视屏幕上讲述的故事能够改变人们对待同性恋的态度。新西兰国内的一项研究和布莱克·洛克公司的结论进一步证明，分享故事有助于让我们将对方看成是自己人。① 扎克博士在 DARPA 开展的研究亦说明，一部以黑人小男孩为主角、讲述他曾经梦想遨游太空，长大后成了成绩斐然的物理学家，最终却不幸罹难的动画片，让不同种族的观众对黑人种族产生了多么强烈的认同感和同理心。

了解这一切后，我们就不会对乔治以及其他日裔美国人在华盛顿的所作所为感到惊讶了。

*　*　*

1983 年，美国战时平民安置与拘留委员会（CWRIC）公开承认政府在羁押日裔美国人的问题上存在着极端的不公正。自 1980 年起，该委员会就在全国范围内召开听证会，了解战争期间受到侵害的日裔美国人的经历。② 证人多达 750 人，乔治就在其中。在 1981 年于洛杉矶召开的听证会上，乔治出庭做了证。

他告诉委员会他和家人是如何被强制送进了集中营，他又是如

---

① 我认为，人文教育的最大作用之一，就是通过艺术、文学、戏剧、电影以及音乐等形式，将形形色色的故事呈现给我们，以此来培养我们的想象力和同理心，让我们能理解并接受他人的视角和世界观。并不一定要通过大学教育或是其他任何形式的正规教育才能做到这一点，我相信，只要人与人之间能展开讨论，进行思想的碰撞，这一目标就能实现。在与他人分享自己对某种艺术形式的感悟时，我们必得说出心中所思所想，从而也让我们必得去聆听他人的所思所想。激发我们想象力和同理心的方式有千万种，但它们殊途同归，最终都回到了分享故事这一种上。我们对艺术的涉猎越是深入，就越是能在全球范围内为创新团队寻找到更多杰出人才。

② 委员会同时还听取了阿拉斯加当地人的证言，他们在战时被强行安置到阿留申群岛以北的战略要塞普里比洛夫群岛上。

何在满是倒钩的围栏后、在对准自己的机枪前玩耍的。他讲述了父母对住宅私有权的渴望是如何被踩在脚下碾成碎片的——一切仅仅因为他们是日本人。

乔治的经历激起了公众的同情，也得到了国会成员的共鸣。CWRIC 形成的报告为促进里根总统于 1988 年签署《公民自由法案》发挥了重要作用。该法案还规定向当年集中营的幸存日裔提供经济补偿以示歉意，尽管补偿的数目仅仅是杯水车薪。1942 年已是相当久远的一个年代，但当年的故事仍然令人关注，而这些故事意义非凡。

遭囚禁的生活并不是乔治人生中唯一一次因偏见而被疏离。在 68 岁之前，乔治从未透露过自己的同性恋身份，尽管自 70 年代以来这已经在他的粉丝圈中是一个公开的秘密。乔治在好莱坞扬名立万之时，加利福尼亚州的法律仍然规定可以给同性恋者强制实施绝育手术。因此，他在真实自我和公众期望的那个形象之间一挣扎就是几十年。

但是，当 2005 年时任加州州长的阿诺德·施瓦辛格否决了同性婚姻法案时，乔治意识到自己必须得表明立场了。他在《前沿》杂志上正式宣布"出柜"，之后，就踏上了争取平等权利的漫长征途：去全美各大高校宣讲自己的故事。长期以来，乔治一直活跃在加州的政治圈和 LGBT 组织中，但在争取平权的过程中，他的足迹踏遍了全美各地。

你能猜到接下来发生的事情吗？

在数千影迷眼中，演员乔治变成了普通人乔治。乔治让大学生和"星际"迷们了解到了同性恋权利运动的实质：让一群普通人的权利受到法律的保护。随着社交媒体的壮大，乔治利用他的名望、他的经历，以及他的幽默感，在脸书上收获了众多粉丝。

在宣布"出柜"后的十多年里，乔治一直在为促进社会公平而传播自己的故事。2013 年，他被评为脸书上最有影响力的人物，他的故事传扬至数千万人——有些故事很搞笑，有些则感人至深。这些故事都在强调一个主题：每个人都有权获得外界的理解和尊重。在作者完成本书的过程中，乔治正在录制他自己创作的一部百老汇音乐剧，名叫《忠诚》，讲述的是日裔美国人被监禁的那段岁月。音乐剧其实是另一种讲述故事的方式，它让人们认识到，无论是 1941 年美国政府对日裔的羁押，还是 2017 年整个社会对同性恋婚姻的歧视态度，反映出的都是同一个问题：有些人仅仅因为他们与生俱来的属性而遭到排斥。

亚裔为自己赢得尊重的过程并不是一个孤立事件。同性恋为自己赢得权利的过程也不是一个孤立事件。但是，通过讲述自己的经历，通过在《星际迷航》及其他影视剧中塑造正面角色，乔治在以上两个方面都贡献了自己的一份力。在他的努力下，一个推动社会进步所需的团队得以成功搭建。

假如这一切得益于故事，那大家尽可以设想一下在更小的范围内分享故事会产生怎样的威力。故事可以帮助我们把那些与我们关系紧张的人变得更有人情味，包括我们的搭档、同事、合作伙伴。

设想一下，当我们尚不能对他人的差异抱持尊重之心和接纳之意时，故事会对我们的团队带来怎样的影响。

10

1967 年，《星际迷航》第二季开拍。那天早上，乔治来到自己的化妆间，却遇到了意外状况。

化妆间里挂着两套演出服。第一季取得成功后，编剧给故事新增了一个人物——星舰上的副指挥官。由沃尔特·凯尼格饰演剧中的帕维尔·契科夫，他将与乔治一同掌舵星舰。

乔治大发雷霆。"坦白说，我恨他。"他回忆道。这个角色是他一手塑造的，他不能忍受别人来瓜分自己的胜利果实。"我简直要气炸了。"

而当凯尼格出现在化妆间时，他脱口而出的第一句话是："我讨厌这个！"

"我更讨厌这个！"乔治反唇相讥。

凯尼格迟疑了片刻："你也是？"

"当然，"乔治答道，"比你有过之而无不及。"

"好吧，但至少你不必戴着它。"凯尼格说。

乔治这才意识到他们说的是两码事。凯尼格说的是手上拿着的那顶松垮垮的假发，制片人要求他戴着假发出境。

尴尬之下，乔治稍稍平复了一下自己的怒气，听凯尼格继续说下去。听着听着，他慢慢放下了戒备。

凯尼格和他一样，也来自加州大学洛杉矶分校，有一个当医生的哥哥。他本人一直在努力打拼，希望能在演艺事业上有所突破，能让家人认可并尊重他的职业选择。"我看得出，他是一个有抱负的演员。和我一样，他为能在这样一部优秀剧作中得到一个角色而兴奋不已。"乔治说，"我心里的怨恨变成了同情，继而又多出了宽容，最后全都化为一份认同，因为我们的命运是那么息息相关，我们的理想抱负又是那么相似。"

听完凯尼格的经历后，乔治不禁丢下了内心的骄傲，接纳了这个伙伴。"我们来一起演。"他说。

就这样，他们组队成功。两个人相互依靠，相互扶持，共同执掌着进取号星舰的方向盘。苏鲁和契科夫这对搭档不仅成了《星际迷航》中的经典形象，而且也为人们在现实世界中搭建创新团队提供了经典范例。

时隔40年，乔治在洛杉矶迎娶自己的挚爱布莱德，为他担任伴郎的，正是沃尔特·凯尼格。

尾声

接下来，我想给大家讲一讲自己人生中最黑暗的一天，以此来给本书画上句号。

具有讽刺意味的是，一开始，你可能看不出这一天究竟有多黑暗：

这一天始于我公司新租用的办公室。在历经 3 年共 100 个小时工作周的奋斗后，公司算是真正站稳了脚跟，员工数在当时已达到 50 人。而在创业之初，我身边只有两个搭档，手头也只有一摞信用卡。我们三人把全部身家一股脑儿地交付给了这个创业梦，而如今，梦想终于实现了。

忙碌一天后，我离开公司，急急忙忙赶往市郊的哥伦比亚大学。在那里，我将当着 1 000 名观众的面，现场采访一位知名人士，一位亿万富翁。我们聊到了他最新推出的著作，还顺带提了提我在一周前刚刚出版的处女作，于我而言，这算是圆了我自中学起就念念不忘的作家梦。

那次访谈是我平生头一次在那么多人面前讲话。

结束后，我飞快地和众人握手道别，然后奔出大门，赶上了前往 Soho House 的头班列车。Soho House 是精英云集的社交俱乐部，能在那里推杯换盏进进出出的都是些比我富有比我酷炫的人物。我应一个名叫"影响者"的团体的邀约，到这里的一个私人聚会上讲讲自己的创业故事。参加聚会的有音乐家、企业家，还有广告公司和模特公司的老板们。《生活大爆炸》中的科学小子比尔·奈也在其中，他可是我儿时的偶像。

演讲很成功，我有些兴奋难耐。

讲完后，比尔·奈和我握手道贺。拿过世界冠军的口技达人拉泽尔叫住我，表示他迫不及待地想要看我的书。

出门时，我兜里装满了精英人士的名片，时间已是凌晨 1 点。我迈步离开 Soho House，走上了肉库区鹅卵石铺就的街道。

接着，我意识到自己还不知该去哪里过夜。

也就是说，我无家可归。

表面来看，我正处在重大的事业上升期，但在内心身处，一系列前所未有的问题已经快压得我喘不过气来。先是因为被告知有可能患癌而惶恐失措，然后又意外接到了妻子的离婚诉讼——一切都赶在了同一时刻。之后，仓促签下的离婚协议让我彻底陷入了失落、沮丧、无家可归的境地。我开始怀疑自己所做的一切努力究竟有什么意义。

只有少数几个人知道我当时的真实状况。我甚至没有勇气把实情告诉家人，更别说告诉员工。外人只知道我与合作伙伴共同经营一家市值数百万美元的公司，但私底下，我连租住一间公寓所需的保证金都付不起。

攒够房租需要三个月，在此之前，我不想在任何一个朋友家长期叨扰，于是开始了在友人家沙发上轮番过夜的日子。我减少各项需求，靠着好友和熟人的慷慨接济度日，尽量不给任何一个朋友造成不必要的负担。

一言难尽。

在人生的头29年里，我的生活一直安稳平坦，我也始终自律清醒。可如今，我在这两方面都败下阵来。我活在焦虑中，不愿与别人谈起自己的状况，也不允许自己和任何人共处太久，唯恐不留神承认了自己曾多次在公园长椅上和地铁L线上过夜的事实，唯恐不小心袒露了心声。

那天——应该算是我生命中最辉煌的一天，一连串的讲座和活动让我忘乎所以，以至于我又一次忘记了提前安顿好住处。

我掏出电话。

只剩百分之一的电量。

我急忙给好友奈特发短信，想问他能不能收留我一晚，然后，电话自动关机了。

接着，就像是为悲剧应景一般，纽约市上空的云朵也开始倾诉心声，密密麻麻的雨点落了下来。

我跌坐在人行道上。在雨中，在十四大街和第九大道相交的拐角处，我背着装有自己全部家当的背包，坐在地上，心如死灰。

我从没有感到如此的孤独。

在事业上打拼多年，度过的每一分钟，每一天，每一周，每一月，本该带给我幸福感。台下的每个观众都以为我春风得意，公司里的每个员工也都以为我拥有了一切。

只有我自己知道，实情恰恰相反。

几分钟后，我深吸几口气，在背包中摸索着找到钥匙，淋着雨，朝着 2 英里（约 3.2 公里）外的办公室踉跄走去。

* * *

任何一个有幸活着的人都会有许多让他心生感恩的人或事。我深知这一点，而且，出于种种原因，我要感恩的人或事比大部分人更多些。但是，这并没有让我的自我感觉变得更好。我不知道自己是否还想继续前行。

读者朋友们，你们手中的这本书之所以能顺利出版，是因为有一些人帮我找回了信心。

首先是戴维·卡尔。

他是《纽约时报》的专栏作家，一年前为我的公司写过报道，后来成了我的朋友。他偶尔会打来电话，要么和我聊他最近的新作，要么就他讲授的大学课程咨询一些技术上的问题。

在 Soho House 那晚后不久，我背着背包，在纽约的大街小巷上漫无目的地游走，思索着时间的意义。就在那时，我的电话响了，电话那头传来的是戴维·卡尔沙哑的声音。

他天马行空地说了半天，然后，他闭口不语了。

情况不太对。怎么了？他问。

戴维善于掏出别人的心里话。在他的追问下，我的防线被攻破了。我说出了一切。每个让人心痛的细节，我统统告诉了戴维。

他一直听着，间或替我愤愤不平几句，然后，他说起了自己跌至人生谷底的那段岁月——因为吸毒而数次入狱，妻子也离开了他。

接着，他对我说了一句别人未曾说过的话。

"是很痛，但没关系。"

不管出于何种缘由，这番话让人如释重负。逃避痛苦，这只能让痛苦持续得更久。而且，假如他在经历那番境遇后尚能脱胎换骨，成为如今这样一个全球知名的作家，并再度拥有幸福家庭，那我就更没有理由自暴自弃（令人痛心的是，时隔数月，戴维就不幸离世了。但在此期间，他对我的帮助一直在继续。他会永远活在我心里）。

"拯救沙恩行动队"的第二位队员，是我公司的实习生艾琳。她来公司仅有几个月的时间，协助完成一些企业运营方面的工作，其间还在开展她自己的几个创业项目。我记不得她是什么时候加入了公司，但必须承认，她是一个内心善良却意志坚定的了不起的女性。

当公司同事听到一些有关我的风言风语时，多半会问，"你没事儿吧？"或者宽慰我"一切都会好起来的"。

艾琳却相反。她会强行让我放下手头的活儿去做深呼吸。会安排我上瑜伽课。还会给我讲一些励志的故事。她就像是个菩萨，一言一语对我而言都像是及时雨。

我听进去了她的话。我也因此而走出了那段阴霾。

我们无力只身一人去解决所有难题，要在内心接受这一点并不是件容易的事。但是在我人生中的那段惨淡时光里——以及之后的每一个惨淡时刻，我的确是这样做的，而且还因此走出了人生的低谷，放下了内心的恐惧，得以继续大步前行。

那段灰暗的日子让我学会的，不是如何去战胜悲伤，如何去摆脱自怨自艾，我学会的，是在一切都举步维艰的时刻，唯有靠人与人的相互扶持才能继续前行。我要感谢戴维、艾琳，以及所有援手将我拉出泥潭的朋友：我的搭档乔和戴夫，我最好的朋友拉泽、杰斯、西蒙、弗兰克、科斯塔、玛丽亚（甚至还有你，乔恩·利维！）。他们是一群各具特色、各自精彩的人，是他们帮我走过艰难，推我大步向前。他们就是我的梦幻战队。

众人齐心时，再难的事都会变得简单、变得可行。这些事可大可小，小到足以改变人生，大到可以改变世界。

附录
创新团队必杀技

帮助你搭建优质团队的一些小策略

组建团队：

* 按照"文化多样性"思路去选拔人员。

* 按照"是否能提升团队整体水平"的标准去选拔人员，切忌只关注个人的单项指标。

* 找出团队成员身上有可能导致不同视角、不同思路、不同做法的那些内在差异、外在差异，以及不同的人生经历。

* 确保每个团队成员都了解其他人的"超能力"或是独特之处。

* 解决问题时分成两步走：

　　其一，按照新问题／老问题和高风险／低风险的标准对问题加以分类。

　　其二，根据问题类型来分派人员。（越是新问题、高风险型问题，团队成员间的差异就越能发挥重要作用。）

吸纳人才：

* 找准时机，吸纳人才，帮助他们做好彼此间的磨合工作。

* 但凡决策关头，一定要确保团队中有一个"刺头"——不论其职位高低。

* 在解决问题的过程中，确保每个成员都能平等参与。

* 为确保工作的顺利推进，可允许团队成员灵活自主地完成自己的任务。

留在可行区间内：

* 利用游戏或者幽默感缓解团队内部的紧张氛围。

* 以明确的态度允许（甚至鼓励）异己分子提出批评和反对意见。

* 让团队成员了解彼此的经历——尤其是彼此关系紧张时。

* 用辩论赛代替头脑风暴，必要时，让队员们在辩论中互换立场。

* 不避讳，无保留，直抒胸臆，大胆直言。

* 团队领导应确保营造宽松氛围。

扩充可能性：

* 发掘多种资讯渠道，不要满足于通过团队内部成员获取信息。

* 培养好奇心，并对其予以重点关注。

* 留意外围人士和"怪人"的想法，关注奇思妙想，不要对它

们视而不见。

保持团结：

* 在可能的情况下，让团队为超常目标而凝心聚力。若无法树立超常目标，则需向团队成员强调当前任务的意义，让他们认识到共赴同一目标的重要性。
* 对大团队中的小分支所具有的独到特色予以肯定。
* 允许团队成员保有自己的价值观，不要将你的那一套强加于他们。我所倡导的唯有以下这几条：包容接纳，勇敢表达，保持好奇，相互尊重，理性思考。
* 创设特有的仪式，以使小团体能够像家人一样凝聚在一起，确保他们不会去排斥他人，或是践踏他人的价值观。

保持开放心态：

* 在条件允许的情况下，尽可能地融入异域文化去体验。
* 接受多重文化教育：掌握一门外语，看带字幕的原文电视节目，结识不同国家的人，了解不同国家的食物，带着好奇心去探索艺术天地。
* 阅读题材多样的书籍，观看类型多样的电视和电影。
* 与旁人分享个人经历及情感故事，以此搭建沟通的桥梁。

如需更多细节，请链接至 shanesnow.com/dreamteams/strategies。

致谢

本书亦是作者与众人合作的结晶，要感谢的人不胜枚举。

特向以下朋友表达诚挚谢意：

弗兰克·摩根先生

吉姆，梅里，瑞安

塔姆辛，克里纳

埃里克，吉恩，艾利

丹·S.

亚伦，艾琳

尼科尔，伊莉莎

杰斯

乔，布兰登，布莱恩，玛莎

尼尔，玛丽亚，詹姆斯，史蒂夫，马克等人

亚当，乔恩，布拉德，波拉，詹姆斯

感谢我那些思维敏锐的读者：格雷斯，扎伊纳布，艾伯尼

感谢校对者卡拉

感谢文字编辑特利西亚

还有很多……